ORFÈVRERIE MÉDIÉVALE

SAINT-MAURICE D'AGAUNE
TRÉSOR DE L'ABBAYE

© Les éditions de Bonvent, Genève 1974.
ISBN 2-8253-0001-2

PIERRE BOUFFARD

SAINT-MAURICE D'AGAUNE

TRÉSOR DE L'ABBAYE

Introduction de J.-M. Theurillat
Photographies Cyril Kobler

LES ÉDITIONS DE BONVENT GENÈVE

Saint Maurice. Panneau central du toit de la châsse de l'abbé Nantelme

S. OSAVRICIVS

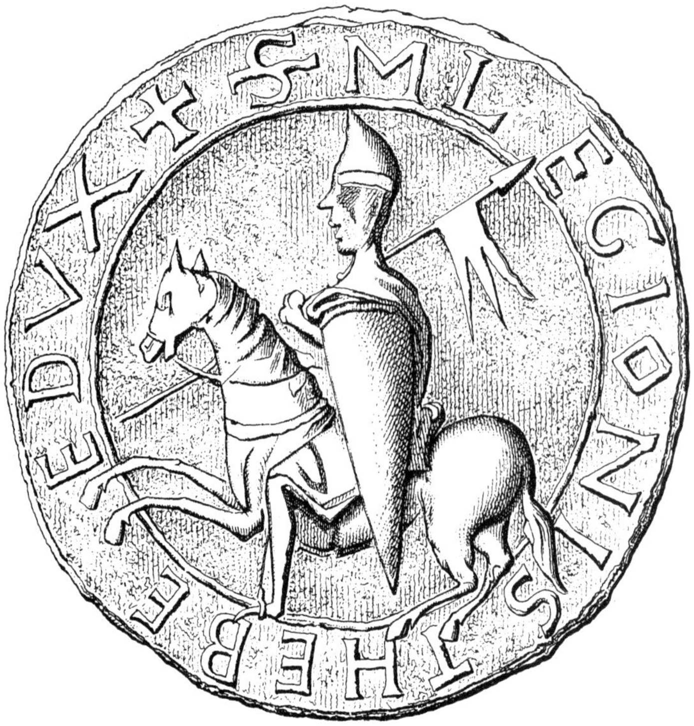

Une inscription sur la face postérieure d'un merveilleux coffret-reliquaire mérovingien: cinq noms, entourant celui de saint Maurice.

Ces cinq noms – oserons-nous dire paradoxalement, ces cinq noms «anonymes»? – nous semblent être une clef pour interpréter le trésor de l'Abbaye de Saint-Maurice. Bien sûr l'historien de l'art, l'orfèvre, l'amateur éclairé, peuvent contempler chaque objet pour lui-même et lui demander de dire sa propre histoire. Au risque cependant de passer à côté de l'essentiel.

En effet, le trésor d'Agaune est d'abord un tout, porteur d'un message.

Le prêtre Teudéric, qui est-ce? Nordoalaus et Rihlindis, Undiho et Ello, qui sont-ils? Pour nous, les représentants exemplaires d'une longue lignée d'hommes et de femmes, religieux, prêtres, pèlerins dévots, artistes qui ont, à leur manière, pris part à la mission essentielle de l'antique monastère.

Ils ont créé le «Trésor des reliques» pour qu'elles soient superbement mises en évidence et manifestent mieux, avec plus d'éclat, ce qui, en terre d'Agaune, est premier: le soldat Maurice et ses compagnons, par amour du Christ Jésus, par amour de leurs frères, subissent le martyre, deviennent semence de vie chrétienne, images suprêmes de la vraie charité. Leur sacrifice conduit à reconnaître et à contempler le Seigneur «fidèle et vrai Témoin, le premier-né d'entre les morts, qui nous initie à la vie de Dieu».

Alors, que naisse en ces lieux la louange, que se perpétue la mémoire de ce témoignage de foi et de charité. Que dans la Basilique d'Agaune, nommée à juste titre «camp des martyrs», la liturgie se déploie dans la beauté et prolonge le rayonnement et la vie de la geste pascale des martyrs.

Le sens du trésor d'Agaune, c'est d'être, dans son ordre, lui aussi témoignage.

Le livre que vous ouvrez maintenant nous semble s'inscrire à son tour dans la ligne exacte du trésor de Saint-Maurice: c'est une œuvre d'art, faite avec patience, digne de ce qu'elle veut chanter. Ce livre est beau, qui reflète une beauté qui conduit à contempler la vérité d'un sacrifice qui est «adhésion à Dieu en une société sainte».

Que les artisans – nommés ou non – de cette œuvre soient remerciés d'être entrés ainsi dans la très longue lignée de ceux qui, de multiples façons, perpétuent cette liturgie testimoniale.

† *Henri Salina*
Abbé de Saint-Maurice d'Agaune

Détail du crosseron de la crosse de Félix V

9

Lorsque, en 1870, Edouard Aubert présenta, à la Société des Antiquaires de France, une communication sur les richesses du trésor de Saint-Maurice, il suscita un tel intérêt dans les milieux spécialisés qu'il publia son étude dans un magnifique ouvrage qui parut en 1872. C'est ainsi que s'achève son avant-propos: «Puissé-je avoir contribué à faire mieux connaître les richesses archéologiques que les chanoines de Saint-Maurice ont su nous conserver presque intactes, malgré les tempêtes politiques, les incendies et les pillages qui, à toutes les époques de l'histoire, ont troublé ou dévasté ce pieux asile de la prière et de l'étude.»

Dès la communication à la Société des Antiquaires, les spécialistes, historiens de l'art, historiens et orfèvres, se penchèrent avec passion sur les pièces du trésor qui venait de leur être révélé. Peu d'entre eux cependant purent se rendre à Saint-Maurice pour étudier sur place les objets et beaucoup se contentèrent, selon une méthode chère à la recherche du XIXe siècle, d'échafauder des hypothèses, en s'appuyant sur les seuls documents reproduits dans l'ouvrage d'Aubert.

En publiant le présent ouvrage, un peu plus d'un siècle après le savant français, j'ai voulu m'acquitter d'une dette de reconnaissance à l'égard d'une communauté religieuse qui m'est chère, l'abbaye de Saint-Maurice, qui m'accueillit il y a plus de trente ans, lors des fouilles que dirigeait Louis Blondel. C'est pendant ce séjour que j'ai appris à connaître le trésor, alors entassé dans une armoire forte. J'ai aussi voulu rendre hommage à Edouard Aubert qui révéla le trésor au monde savant, et reprendre le flambeau, en offrant aux chercheurs une documentation photographique de qualité, pour leur permettre de poursuivre leurs études sur des objets qui, pour la plupart, sont loin d'avoir révélé tous leurs mystères.

Ce livre doit aussi attirer l'attention d'un vaste public sur l'extraordinaire richesse d'un trésor conservé depuis des siècles dans une des plus anciennes fondations religieuses de l'Europe.

Chaque pièce du trésor mériterait une monographie; c'est dire que le présent ouvrage n'est qu'une présentation, une invitation à poursuivre les études et les recherches; les quelques notes présentées en annexe révèlent souvent la complexité des problèmes et signalent les hypothèses les plus extrêmes émises par les historiens.

Qu'il me soit permis, au début de cet ouvrage, de remercier deux Abbés de Saint-Maurice: S.E. Monseigneur Louis Haller, Evêque-Abbé, qui m'offrit l'hospitalité pendant les fouilles, et Monseigneur Henri Salina, Abbé actuel de Saint-Maurice, qui m'a fait la joie extrême et l'honneur de m'autoriser à publier le présent ouvrage en l'inscrivant, par sa préface, dans la très longue lignée des témoignages attachés à l'abbaye et à son trésor.

A Messieurs les chanoines Jean-Marie Theurillat et Léo Muller, je dois l'accueil, les conseils, l'attention passionnée dont ils m'entourèrent et au dernier la patience avec laquelle, jour après jour, il suivit les travaux, mettant toutes ses forces et toute sa compétence à faciliter notre tâche et tout particulièrement celle du photographe Cyril Kobler et de son collaborateur Jean Manzoni, auxquels nous devons les documents photographiques de cet ouvrage. Au chanoine Léon Dupont-Lachenal, historien, je dois d'avoir pu m'éviter de longues et fastidieuses recherches.

Que ce travail d'équipe, des chanoines aux «gens du livre», imprimeurs, photolithographes et relieurs, en passant par les photographes, puisse être ce témoignage qui nous a été demandé et rappeler les raisons profondes de la psalmodie perpétuelle instaurée par le roi Sigismond à Saint-Maurice, au début du VIe siècle.

UN TRÉSOR,
MIROIR D'UNE HISTOIRE

J.-M. THEURILLAT

La ville de Saint-Maurice en Valais, vue des bords du Rhône, du côté de Lavey.

Vue de Saint-Maurice et de l'abbaye. Lithographie d'un artiste anonyme du XVIIIe siècle

A travers un écrin de bijoux transparaît souvent la vie d'une femme, d'un homme, d'une famille, d'une dynastie.

De même, un trésor sacré en général, et celui de Saint-Maurice en particulier, raconte la vie des hommes et des institutions. Pour certaines périodes, où manquent les documents écrits ou les vestiges archéologiques, l'objet sacré peut devenir une source historique de première valeur. Il marque, avec parfois beaucoup de précision, les temps forts et les temps faibles d'une histoire. Ainsi, d'un seul coup d'œil, le visiteur averti découvrira, dans la période mérovingienne et le début de la période carolingienne, ainsi qu'aux XIIe et XIIIe siècles, les deux périodes de ferveur de l'histoire ancienne de l'Abbaye de Saint-Maurice.

Cette histoire ancienne de Saint-Maurice s'inscrit dans un cadre géographique contraignant: un défilé entre deux importantes chaînes de montagnes et une route, avec passage obligé par l'ancienne bourgade celtique d'Acaunum. Cette route, depuis l'empereur Claude, est l'itinéraire des légions romaines que les empereurs envoient, par le col du Mont-Joux, en Gaule et en Germanie. L'une de ces légions va transformer l'aspect premier de la bourgade d'Acaunum, qui était avant tout un poste de garnison militaire et de douane: on y percevait entre autres l'impôt du *40e des Gaules*. La légion thébéenne, ou du moins un important détachement de celle-ci, fut massacrée non loin de la bourgade d'Agaune, à la fin du IIIe siècle, sous l'empereur Maximien, dans un lieu appelé traditionnellement Vérolliez. Ces soldats étaient chrétiens, mais l'ensemble des chrétiens dans la région semble avoir été trop peu important pour que l'événement ait des conséquences immédiates. Ils furent enterrés dans une fosse commune, comme tous les mutins dans les rébellions militaires. Durant le 3e tiers du IVe siècle, le premier évêque connu du Valais, saint Théodore, sans doute mis au courant par la population chrétienne, fit «relever» les morts qui se trouvaient dans la plaine et les fit transporter au pied d'un rocher, à l'abri d'un surplomb, là où des temples avaient déjà été édifiés et où se trouvait un lieu de sépulture de l'époque préhistorique.

La plus grande partie des ossements fut recueillie dans de grands caveaux, sur lesquels saint Théodore fit construire un premier petit sanctuaire. Il fit en outre édifier un martyrium destiné à recevoir le tombeau de Maurice, chef des Thébéens. Les clercs, préposés à la garde de ce sanctuaire et au ministère auprès des pèlerins et surtout des malades, furent rapidement débordés, semble-t-il. En effet, au début du Ve siècle déjà, il fut nécessaire d'agrandir, de quadrupler la surface du premier sanctuaire.

La vocation militaire et douanière de Saint-Maurice évoluait vers une vocation supplémentaire, celle d'un lieu sacré. Il fallut construire un hospice pour recevoir pèlerins et malades qui venaient auprès du tombeau des Martyrs demander leur guérison. Il fallut aussi doubler, tripler le nombre des clercs qui s'occupaient de ces malades; il fallut faire venir du personnel, des familles pour s'occuper de ces pèlerins. C'est dans ce monde de ferveur que Sigismond, roi de Bourgogne nouvellement converti de l'arianisme, décida de fonder un monastère et, pour cela, de rassembler à Saint-Maurice deux groupes de moines de la région lyonnaise: Grigny et l'Ile – Barbe, deux du Jura: Romainmôtier et Saint-Claude, et un cinquième engagé sur place.

C'était en 515, le 22 septembre. Au cours d'une cérémonie solennelle à laquelle assistaient les évêques de son royaume – cérémonie dont nous avons la bonne fortune d'avoir conservé l'homélie par saint Avit, évêque de Vienne – Sigismond confia aux cinq chœurs de moines le soin d'introduire en Occident une liturgie connue en Orient, celle de la louange perpétuelle. Les chœurs étaient chargés de se relayer dans le sanctuaire et d'y prier le Seigneur jour et nuit, selon une liturgie qui se répandra ensuite dans les grandes abbayes de France *à l'instar* d'Agaune. Une basilique nouvelle et les logements des moines furent construits, de façon à accorder à chaque groupe une certaine autonomie, selon son origine. Le monastère de Saint-Maurice était né, qui poursuit aujourd'hui sa vocation presque quinze fois centenaire. Pour subvenir à ses besoins l'abbaye fut richement dotée dans la région des Alpes et du Jura. Selon l'auteur de l'*Acte de fondation*, Victor, évêque de Grenoble, aurait conseillé cette importante dotation: *Puisque les moines d'Agaune, à cause des obligations de la louange perpétuelle ne peuvent s'adonner aux travaux comme dans les autres monastères, il importe que le roi les dote généreusement.*

La conquête du royaume de Bourgogne, achevée en 523 par les fils de Clovis, ne semble pas avoir eu de fâcheuses conséquences pour l'Abbaye de Saint-Maurice nouvellement fondée; il semble au contraire que celle-ci ait bénéficié du patronage et de la protection de rois mérovingiens et carolingiens. Ainsi l'Abbé Venerandus obtint de Théodebert de ramener à Agaune les corps de Sigismond et de sa famille «martyrisés» par le roi des Francs dans l'Orléanais. Il les enterra en la basilique Saint-Jean qui deviendra l'église Saint-Sigismond. Et, après la destruction de la Basilique des Martyrs par une incursion lombarde en 574, le roi Gontran participa à la réédification des bâtiments dévastés. Enfin l'abbaye jouit de larges privilèges royaux et pontificaux, aujourd'hui disparus et connus seulement par des mentions ou des reconstitutions tardives.

A cette attitude de bienveillance une première explication: Saint-Maurice était devenu le lieu saint du pays burgonde, un peu comme Saint-Martin de Tours l'était pour le pays franc; les nouveaux maîtres pensaient sans doute ainsi s'attirer la bienveillance du clergé et de la population. Mais une raison plus politique les y a sans doute aidés: les rois mérovingiens, comme leurs successeurs carolingiens et les rois du second royaume de

18

Saint Sigismond, à gauche, offrant sa couronne à saint Maurice. A droite, Gundebald et Giscald remettant leurs épées. Au-dessus inscription de 1225 précisant le transfert des reliques de saint Maurice sur ordre de l'abbé Nantelme. Pan antérieur du toit de la châsse de Nantelme

Bourgogne, tenaient à s'assurer la possession des deux versants du col du Mont-Joux, ou Grand-Saint-Bernard, et par là même, la liaison avec l'Italie. Il était particulièrement important d'avoir au défilé qui ferme cette route une puissance amie. On ne s'étonnera donc pas outre mesure d'y voir imposer comme abbés, aux périodes troublées, des personnages touchant de près à la famille royale, ou même membres de celle-ci.

Parmi les privilèges accordés au monastère, il faut mettre en bonne place le droit de frapper monnaie. L'abbaye a usé de ce droit dès le début du VIIe siècle en frappant des tiers de sous d'or portant au droit ACAVNO MO (nasterio) et au revers IN HONORE SCI MAVRICII MARTI (ris). Ce droit sera ensuite affermé à des monétaires, mais la permanence de l'atelier à Saint-Maurice était une ouverture vers l'orfèvrerie. Les deux orfèvres Undiho et Ello, que nous connaissons par l'inscription du coffret de Teudéric, n'y auraient-ils pas travaillé? Les dédicaces «en l'honneur de saint Maurice» que nous retrouvons sur les monnaies et sur le magnifique joyau de Teudéric nous inclinent – avec modestie – vers cette conjecture.

Que savons-nous des hommes qui ont vécu à Saint-Maurice durant la période monastique, soit de 513 à 830 environ? Presque rien. Les documents écrits, pour la plupart postérieurs au IXe siècle dans leur tradition actuelle, nous fournissent des listes et épitaphes d'abbés, accomodées de pieuses considérations sur leur vie. Les chroniques se bornent à relever des événements extérieurs: guerres, inondations, éboulements. L'épigraphie nous a conservé les épitaphes des abbés Hymnémode et Vulchaire, des moines Rusticus et Godefredus. C'est peu de chose.

L'archéologie et l'orfèvrerie sont, elles, plus explicites. Elles nous montrent qu'en trois siècles on a édifié trois basiliques, toujours plus vastes et plus belles, pour répondre à la vocation des moines qui est de prolonger par un sacrifice de louange perpétuelle le témoignage du sang rendu au Christ par saint Maurice et ses compagnons. Elles attestent par la somptuosité des objets précieux la qualité de l'hommage que l'on entendait rendre «en l'honneur de saint Maurice». Dans le coffret de Teudéric et le vase de sardonyx, l'or, les perles, les pierres précieuses, les plus beaux bijoux antiques chantent la gloire des martyrs: ils disent la fidélité des religieux à leur vocation. L'aiguière de Charlemagne et peut-être une «table d'or» disent la dévotion des Grands et des fidèles aux martyrs, semence de vie.

Les moines quittent «la scène» vers 830. Ils sont remplacés par des chanoines vivant selon une règle imposée à tout le clergé par l'empereur et la hiérarchie. Il est habituel de se montrer sévère pour l'Eglise en général et les monastères en particulier au cours des IXe, X^e, XIe siècles. La décadence fut réelle et l'Eglise de Saint-Maurice n'y fait pas exception. C'est que l'on vit une époque très troublée au plan politique et l'on assiste à la mise en pièces du pouvoir royal par les princes locaux. Les points stratégiques du royaume sont occupés peu à peu par des comtes en rébellion contre le roi et l'empereur; les monastères font partie du patrimoine de ces intrus, ils deviennent même objet de dot, lors d'un mariage. Leurs propriétaires s'improvisent abbés de ces monastères et réduisent les religieux à la «portion congrue». Ils ont davantage souci de leurs chasses et des intérêts de leur famille directe et collatérale que de la vie religieuse. L'un de ceux-ci, Rodolphe, fils de Conrad d'Auxerre, qui s'était approprié l'abbaye, se fit sacrer roi à Saint-Maurice en janvier 888. Il fondait ainsi le second royaume de Bourgogne dont les rois furent durant un siècle et demi les abbés du monastère, y installant même leur chancellerie. Les religieux comptaient peu dans les soucis de leurs rois-abbés; ils obtinrent pourtant de Rodolphe III, en 1017, restitution de la plupart de leurs biens. Répit de courte durée, car, après la mort de Rodolphe III en 1032, l'abbaye de Saint-Maurice et ses propriétés furent remises par l'empereur Conrad II au fondateur de la Maison de Savoie; et ses successeurs garderont la haute main sur elle durant un siècle.

Ces trois siècles de crise, durant lesquels un monde nouveau endurait ses maladies d'enfance, n'ont guère laissé de traces au trésor: seul un reliquaire en forme de bourse atteste la permanence du pèlerinage aux martyrs.

Chef-reliquaire de saint Candide

Préparé par la réforme monastique de Cluny un mouvement de réforme du clergé avait été entrepris par la papauté et les évêques dès le XIe siècle. C'est dans cette ligne que l'évêque Hugues de Grenoble parvenait à établir à Saint-Maurice en 1128 un noyau de chanoines réguliers vivant selon la règle de saint Augustin. Quelques années plus tard, ceux-ci obtenaient des comtes de Savoie qu'ils renoncent à leurs droits usurpés sur l'abbaye, et lui rendent liberté et indépendance. Les privilèges pontificaux confirment cette indépendance de tout pouvoir: ils rendent au monastère dignité abbatiale, exemption pontificale et juridiction sur une grande partie de son territoire.

De nombreux textes se font l'écho d'une nouvelle ferveur et d'une nouvelle vitalité: le pèlerinage au tombeau des Martyrs connaît également un renouveau; on voit en eux le modèle des chevaliers qu'un enthousiasme communicatif conduira sur les chemins de la croisade.

De cette époque nous retiendrons trois faits en relation plus directe avec le trésor des reliques: l'histoire de la table d'or, la *relévation* des reliques et le don de saint Louis, roi de France.

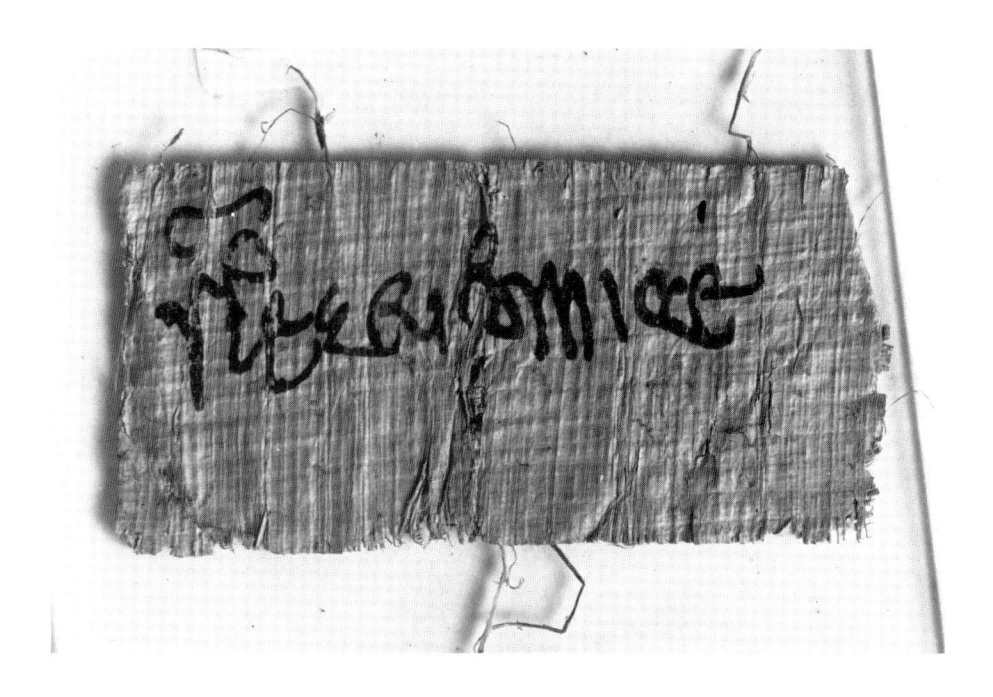

Cédule de sainte Euphémie accompagnant des reliques ajoutées à l'intérieur du chef-reliquaire de saint Candide

La table d'or. Elle est liée à l'histoire de la 2ᵉ croisade: plusieurs seigneurs vassaux de l'Abbé de Saint-Maurice partirent en croisade dans l'armée du comte de Savoie Amédée III. Ce dernier demanda et obtint de l'Abbaye qu'elle lui cède, pour payer les frais de sa croisade, une «table d'or» ornée de pierres précieuses et pesant 66 marcs. Pour cela il laissait en gage à l'abbaye ses droits en Chablais et dans l'Entremont. Cette croisade fut un échec: Amédée III et une grande partie des seigneurs de son armée moururent au combat et sur le chemin du retour. Ruiné, son jeune fils Humbert ne peut ni rendre la contre-valeur de l'autel d'or, ni se priver des revenus engagés par son père à l'Abbaye de Saint-Maurice. C'est alors qu'intervient sont tuteur, Amédée, évêque de Lausanne: par un accord passé sous son patronage en 1150, Humbert récupère les biens mis en gage moyennant remise à l'abbaye de cent marcs d'argent et deux marcs d'or *pour refaire des tables.* Ces cent marcs d'argent et deux marcs d'or ont certainement servi à confectionner des retables en argent repoussé et doré, qui seront transformés en châsses au siècle suivant, ainsi que le buste de saint Candide. Et il n'est pas téméraire de conjecturer que ce travail s'effectua dans un atelier installé à l'abbaye même.

En 1225, l'Abbé Nantelme prit la décision de retirer les ossements des tombeaux construits dans la crypte et de les «relever» pour les présenter à la vénération des fidèles dans l'église supérieure. Il fit à cet effet confectionner une châsse dont l'iconographie et une inscription rappellent l'événement. C'est peut-être lui aussi qui fit transformer les retables du XIIᵉ siècle en châsse de saint Maurice et châsse des enfants de saint Sigismond.

Saint Louis, roi de France, avait donné saint Maurice comme patron à ses chevaliers; il lui fit construire un prieuré à l'intérieur du château royal de Senlis et demanda à l'Abbé de Saint-Maurice de lui envoyer des reliques des martyrs, ainsi que des chanoines pour fonder le prieuré. L'Abbé Girold présida au transfert des reliques et des religieux en 1262. Il devait rentrer dans son abbaye en emportant un gage de la reconnaissance royale: une parcelle de la Sainte Epine enchâssée dans un reliquaire de

Saint Maurice à cheval. Petit côté de la châsse des enfants de saint Sigismond

MAVRI
CIVS
✠ SCS

cristal et d'or. L'Abbé rapportait également une lettre de la chancellerie royale au prieur et aux chanoines, où le roi les remerciait de leur libéralité et confiait à leur dévotion la précieuse relique.

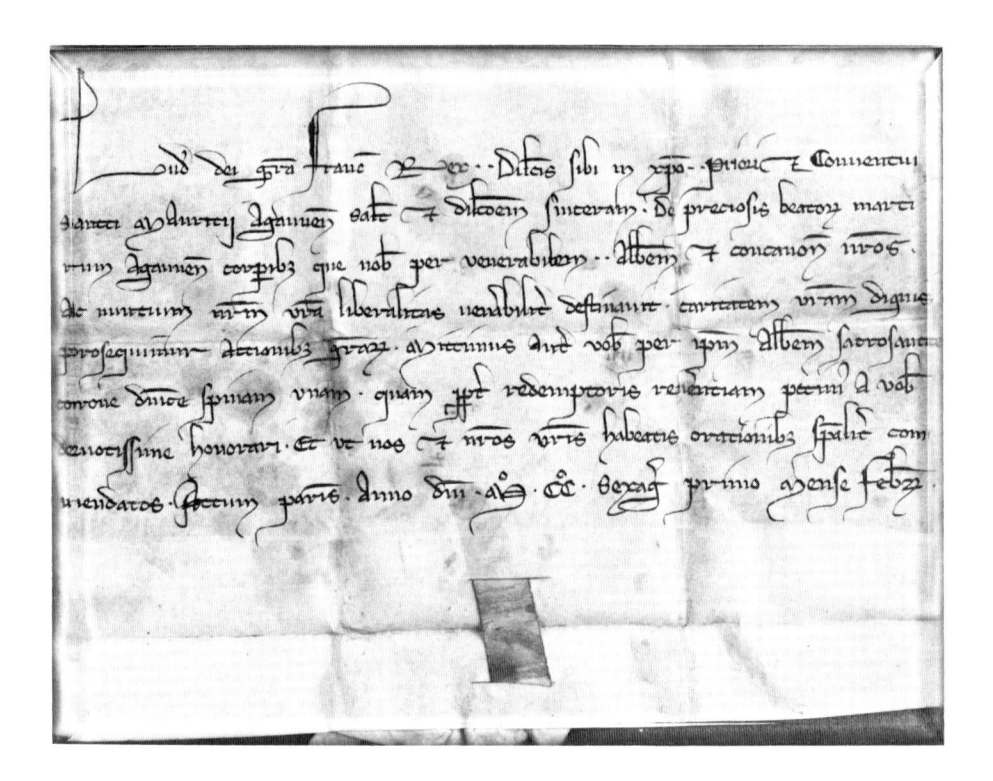

Lettre de saint Louis de 1262 accompagnant le reliquaire de la Sainte Epine

Ces temps de vie religieuse vécue en commun se poursuivent durant deux siècles. Puis dès la fin du XIIIe siècle, l'environnement socio-économique conduit l'abbaye vers un statut moins strictement communautaire; les religieux acquièrent une indépendance personnelle toujours plus accentuée. Les biens et les revenus sont partagés; aux fonctions dans le monastère correspondent des prébendes distinctes. Celles-ci permettent aux supérieurs et aux religieux de vivre séparément, en gérant leurs affaires propres. Le lien communautaire n'est plus guère assuré que par l'administration des biens indivis et surtout la prière liturgique. On sait en effet par des récits de voyageurs que les pèlerins venaient toujours nombreux participer à la prière des religieux auprès du tombeau des Martyrs.

De cette période le trésor a conservé nombre d'objets témoins de la munificence des comtes et des ducs de Savoie. Ils disent d'une part l'attachement de cette Maison à saint Maurice son patron, mais aussi la dépendance dans laquelle se trouvait la petite seigneurie temporelle de l'abbaye enclavée dans les états de son puissant voisin. En 1590, notamment, l'abbaye eut fort à faire pour conserver son trésor de reliques que le duc de Savoie voulait faire transporter à Turin.

Lors du partage entre Sion, Berne et Fribourg de la partie nord-est des Etats savoyards, la situation deviendra précaire. Les nouveaux maîtres lui feront sentir leur souveraineté soit lors des élections d'abbés, soit dans l'administration de l'abbaye et jusque dans le recrutement des religieux.

Durant ce même temps l'abbaye connut deux catastrophes naturelles: l'incendie de la basilique avec effondrement de la voûte en 1560 et l'éboulement de rochers qui détruisit presque entièrement l'église abbatiale en 1611. L'adversité resserra les liens entre les religieux; ils reprirent la vie commune en commençant par son aspect matériel et économique, et l'obstination d'abbés réformateurs fit le reste. C'est une communauté retrouvée qui eut à faire face à une nouvelle catastrophe, l'incendie de l'abbaye et d'une grande partie de la ville, en 1693.

Comme toutes les époques de renouveau dans l'histoire de l'abbaye, le XVIIe siècle voit un nouvel intérêt des religieux pour le culte des Martyrs: renouveau liturgique, dans une basilique reconstruite, réparation des reliquaires abîmés, reconnaissance des reliques se trouvant à l'intérieur des reliquaires et scellement de ceux-ci, travaux historiques et liturgiques sur les origines du monastère.

Sous la Révolution et l'Empire, le trésor des reliquaires fut convoité, comme beaucoup d'autres trésors en Europe. Grâce à une grande vigilance et à un peu de ruse, il fut soustrait à tout vol ou déprédation. L'abbaye surmonta également sans trop de peine les périodes troublées des occupations et guerres civiles. C'est même au milieu de celles-ci qu'elle mûrit sa vocation à de nouvelles activités. A côté du culte liturgique et en liaison avec celui-ci, elle ouvrit un nouveau collège classique en 1808. Et cette œuvre pédagogique sera poursuivie plus tard par la prise en charge de collèges en Suisse et en Inde.

Par décision du pape Grégoire XVI, la dignité d'évêque titulaire de Bethléem est liée à la charge d'Abbé de Saint-Maurice, depuis 1840. Et le premier Abbé à porter ce titre, Monseigneur Bagnoud, entreprit à la demande de Pie IX une œuvre missionnaire en Algérie. Cette œuvre devait être continuée, dès 1930, à Bangalore puis au Bengal.

A la fin du XIXe siècle s'ouvrit le premier chantier de recherches archéologiques sur l'emplacement des anciennes basiliques. Les travaux en furent repris de façon systématique dès 1942 par M. Louis Blondel, avec la collaboration de M. Pierre Bouffard. Ils ont permis de mettre au jour une succession de huit églises datant du IVe au XVIIe siècle, ainsi que les éléments de bâtiments monastiques et, tout récemment, une importante construction funéraire contemporaine de la fondation de l'Abbaye.

Il manquait encore une étude d'ensemble récente sur le trésor. Avec cet ouvrage, c'est aujourd'hui chose faite. Et bien faite.

Croix de procession à fleurs de lys. XIVe siècle

29

Trésor de Saint-Denis. Armoire de sacristie. D'après une gravure du XVIIe siècle

LES TRÉSORS D'ÉGLISES

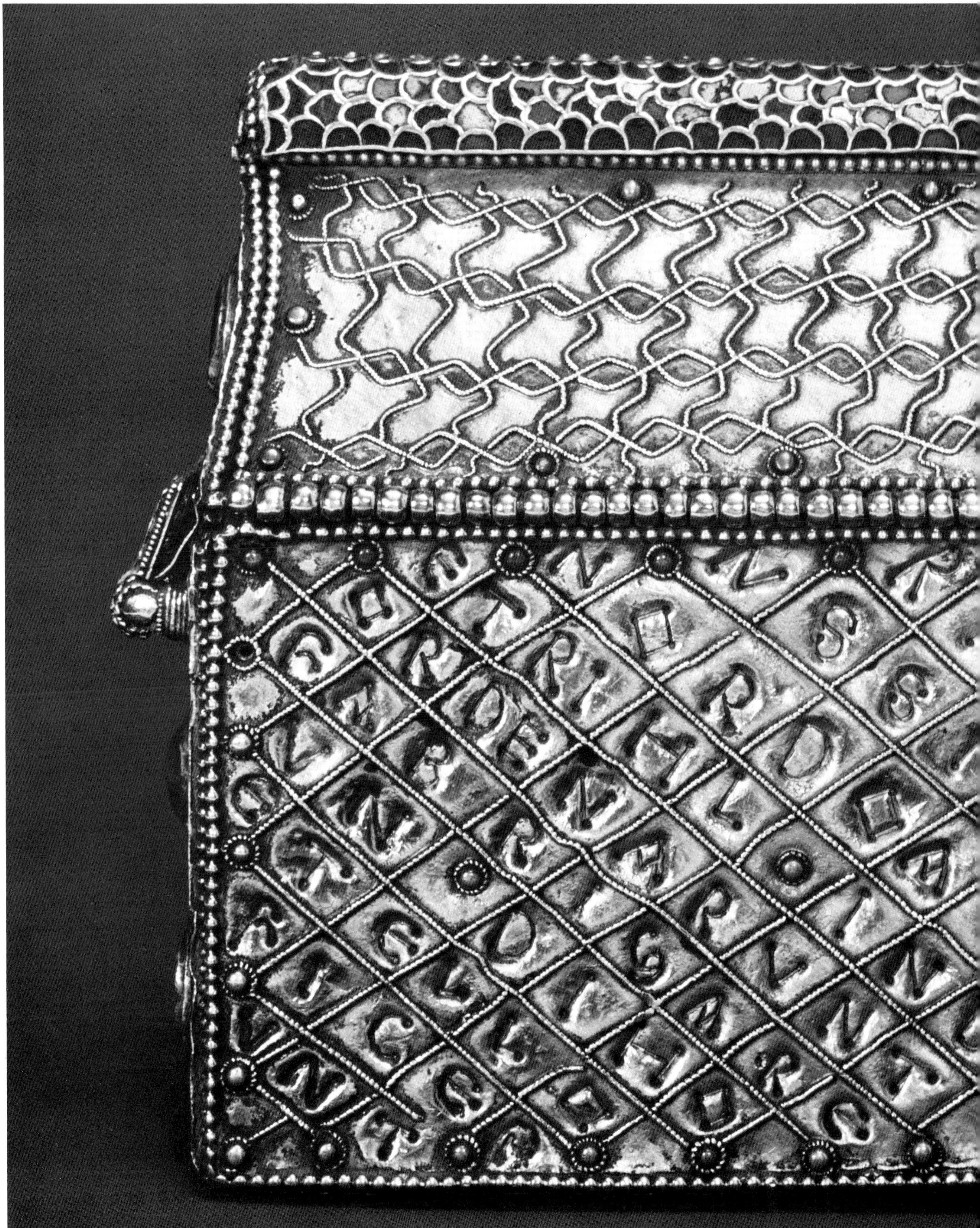

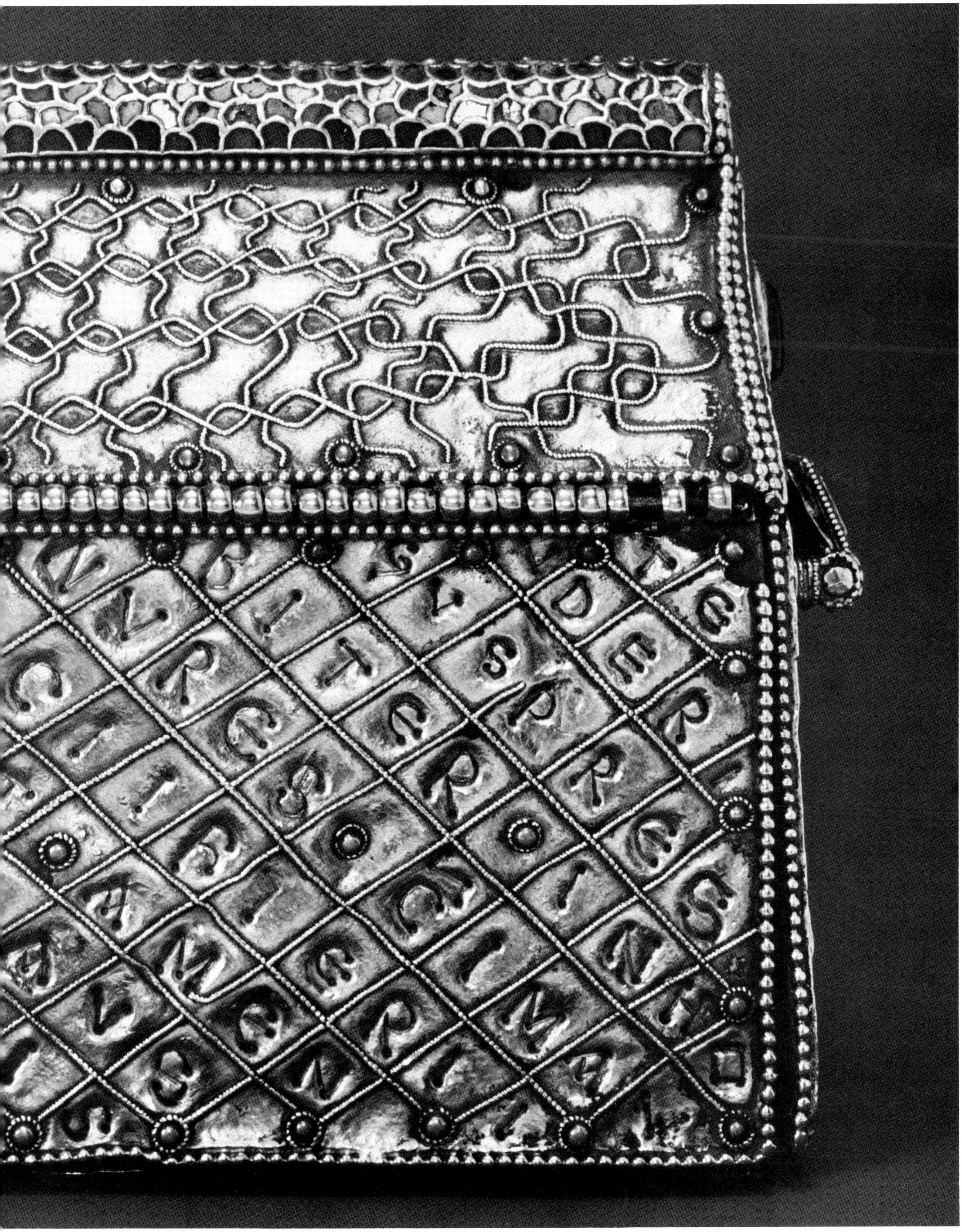

p. 32-33. Coffret de Teudéric. Inscription de la face postérieure grossie deux fois

Centaure à l'enfant. Coupe-ciboire dite de Charlemagne

L'exposition des trésors des églises de France, au Musée des arts décoratifs de Paris, en 1965, fut une révélation. Le public pouvait enfin s'approcher d'œuvres souvent inaccessibles ou en tout cas fort dispersées; les érudits pouvaient, pour la première fois, voir et comparer des pièces d'orfèvrerie dans une présentation et sous une lumière favorables.

Jean Taralon commençait ainsi l'introduction du catalogue des quelque neuf cent pièces exposées: «Lorsqu'on dressait au Moyen Age l'inventaire des trésors d'églises, on les divisait en deux catégories: *le ministerium,* comprenant les objets servant à l'exercice du culte et *l'ornamentum* rassemblant ce qu'on utilisait pour orner l'édifice. Cette notion d'affectation cultuelle vient s'ajouter aux caractères propres à tous les trésors, aussi bien profanes que religieux, celui de la rareté et de la préciosité des matières, de leur richesse appréciée en valeur marchande au poids de l'or et de l'argent, celui de la beauté des façons. Elle donne aux pièces constituant les trésors d'églises une importance essentielle par le rôle que celles-ci jouent dans la pratique de la religion chrétienne et une signification spirituelle par leur appartenance sacrée, qui n'ont d'équivalent dans aucune autre religion.»

Au Moyen Age déjà des hommes d'église puissants, tel saint Bernard, s'élevèrent avec véhémence, non seulement contre l'exubérante richesse de l'orfèvrerie, mais aussi contre tout le décor de l'édifice religieux; les thèses s'opposaient parfois avec véhémence.

«La noble œuvre resplendit. Mais noblement resplendissante, qu'elle éclaire les esprits pour qu'ils aillent vers la lumière vraie», écrit Suger, qui voulait souligner par-là combien la richesse de l'objet lui confère de valeur spirituelle et combien sa préciosité est liée à la profondeur du message qu'il doit transmettre.

Les matières précieuses dont on fait l'objet religieux ont souvent un sens symbolique, mais ils indiquent en même temps, même s'ils sont d'origine païenne, le besoin profond qu'avait l'église, au Moyen Age surtout, de respecter et de faire respecter le sacré, tout en lui donnant une valeur dans l'immédiat et dans le temps et en veillant à sa conservation pour les siècles à venir. Les trésors profanes ont disparu dans des proportions considérables, réutilisés en cas de nécessité, c'est-à-dire en temps de guerre, alors que les trésors d'église ont plus souvent échappé au temps, aux pilleurs, aux collectionneurs et aux nécessités économiques.

La richesse de matière et la somptuosité du travail des objets religieux leur confèrent une qualité transcendentale au pouvoir magique ou simplement mystique tel que le retour, souvent tenté, à des formes simples et surtout à des matériaux pauvres n'a jamais eu de longue durée, même lorsqu'il s'agissait, comme au XIXe siècle, d'essayer de redonner à l'objet liturgique son sens premier et de lutter contre la richesse désacralisée de certaines modes décoratives.

Il est difficile, voire inutile, de tenter de séparer la notion de valeur matérielle de la portée spirituelle d'un objet de trésor d'église. C'est donc dans son tout que nous devons le considérer, comme nous devons attacher de l'importance aux transformations et aux réparations qu'il a subies au travers des siècles pour lui conserver son sens, sa valeur et sa pérennité. Si les inventaires et les cartulaires mentionnent le poids d'or et d'argent des pièces de trésor, c'est qu'elles représentaient une part importante de la richesse de l'église et une réserve précieuse que l'on n'utilisait qu'en cas d'extrême nécessité. Mais la richesse des matériaux conférait à ces mêmes pièces un rayonnement spirituel souligné par l'admiration extérieure que l'on pouvait leur porter.

Chef-reliquaire de saint Candide

37

Dans la considération de ces œuvres d'orfèvrerie, il ne faut donc jamais oublier qu'avant d'être des objets d'art elles sont des objets du culte. L'enveloppe et son contenu spirituel ou matériel, sous forme de reliques par exemple, ont une signification multiple, dans laquelle se mêlent à la fois l'évocation des personnalités divines ou celle des saints, mais en même temps le sens direct de l'objet qui les représente ou les évoque.

C'est donc de la fluctuation économique ou spirituelle d'un centre religieux, abbaye, église ou cathédrale, que dépendra presque toujours la constitution d'un trésor, comme cela est remarquable pour Saint-Maurice. De la prospérité et de la réputation dépendront donc les richesses accumulées ou perdues lors des revers du pouvoir temporel ou des catastrophes sociales ou épidémiques.

Les trésors, enfin, sont les témoins les plus vivants des courants artistiques et iconographiques qui marquèrent l'Europe de l'époque mérovingienne à la fin du Moyen Age. Facilement transportables, les objets sacrés, les vêtements sacerdotaux, les étoffes et les ivoires étaient les véhicules des idées et des formes: ce sont eux qui marquèrent le plus les mouvements Orient-Occident et facilitèrent l'introduction de formes orientales dans l'art européen.

Ces richesses accumulées démontrent l'importance du rôle de l'orfèvrerie de l'époque mérovingienne et soulignent la position privilégiée des orfèvres, auxquels Charles le Chauve reconnaît des privilèges en 768, mais qui ne se grouperont en corporation que sous saint Louis, avec pour devise: *in sacra ingue coronas,* soit: «par le trône et l'autel». Mais sous la protection de saint Eloi, leur patron, les corporations d'orfèvres groupent des métiers fort divers du métal noble, mais aussi du métal commun, au point que, même dans les trésors d'églises, on a de la peine à discerner les œuvres ou portions d'œuvres de l'orfèvre, du graveur, du doreur, de l'imagier-modeleur, du batteur d'or et d'argent ou même du fondeur.

L'intérêt que l'on porte aujourd'hui à l'orfèvrerie religieuse de la fin du premier millénaire et du Moyen Age a donc des raisons diverses et souvent complémentaires

L'apôtre Philippe. Détail du grand côté de la châsse de saint Maurice

S PHILIPPVS

puisqu'il s'y mêle à la fois des considérations religieuses ou spirituelles, des témoignages historiques et des aspects techniques et esthétiques fort divers.

L'étude d'un trésor n'a de réelle valeur que lorsque les pièces qui le composent sont considérées pour elles-mêmes, mais aussi et surtout lorsqu'elles sont comparées à l'ensemble des œuvres de l'orfèvrerie contemporaine. C'est l'inventaire total qui permettra de mieux comprendre et l'évolution et la dispersion des objets religieux, comme cela a été magistralement fait pour un métier d'art annexe et proche, celui de l'émaillerie, par Marie-Madeleine Gauthier dans son ouvrage «Emaux du Moyen Age», auquel on se référera plusieurs fois dans les descriptions de quelques pièces du trésor de Saint-Maurice.

Il ne nous appartient pas ici d'étudier les problèmes techniques, mais il faut tout de même souligner d'une part l'opposition souvent frappante qu'il peut y avoir dans la qualité de certaines œuvres ou parfois même, de certains fragments et la maladresse brutale dans l'exécution d'autres objets, et surtout dans les réparations plus ou moins tardives, et d'autre part les mystères partiellement éclaircis seulement, des techniques du travail des métaux précieux telle que la soudure de l'or sur l'or, à l'époque mérovingienne. De plus, en examinant non seulement les pièces de Saint-Maurice, mais toute l'orfèvrerie religieuse européenne, on constate que si l'on a souvent affaire à des orfèvres de haute compétence technique et artistique, beaucoup de pièces ont été exécutées, même pour de grands trésors, par des artisans de second plan, maladroits et parfois même peu consciencieux, sans que cela d'ailleurs n'enlève de l'intérêt aux objets qu'ils confectionnèrent.

Cela nous amène, bien sûr, à l'examen de la valeur artistique ou esthétique. Sur le plan de l'histoire de l'art d'abord, comme nous l'avons déjà souligné plus haut, les pièces d'un trésor, orfèvrerie ou autre, doivent être intégrées à l'ensemble de la production artistique ou artisanale d'une époque puisqu'elles furent à la fois les véhicules de l'iconographie et des formes et qu'elles sont les témoins d'une partie des aspirations spirituelles ou artistiques de ces mêmes époques, aussi bien dans le

Saint Pierre, saint André (?) ou le Christ et saint Paul. Figures centrales du grand côté de la châsse de saint Sigismond

PETRUS ✝ ANDREAS ✝ PAVLVS

41

domaine profane que religieux. L'examen de ces objets se fait donc comme celui de la peinture ou surtout de la sculpture, avec laquelle on peut établir de nombreuses comparaisons, ne serait-ce, par exemple, qu'entre les côtés d'une châsse romane et le linteau de certains portails. C'est dans ces comparaisons que l'on retrouvera, entre autres, les possibilités de jugement qualitatif de l'œuvre, donc de l'artiste.

Baiser de paix. Ivoire du XIVe siècle (?) dans une monture de cuivre

LE TRÉSOR DE L'ABBAYE
DE SAINT-MAURICE

Bras-reliquaire de saint Bernard. Détail agrandi

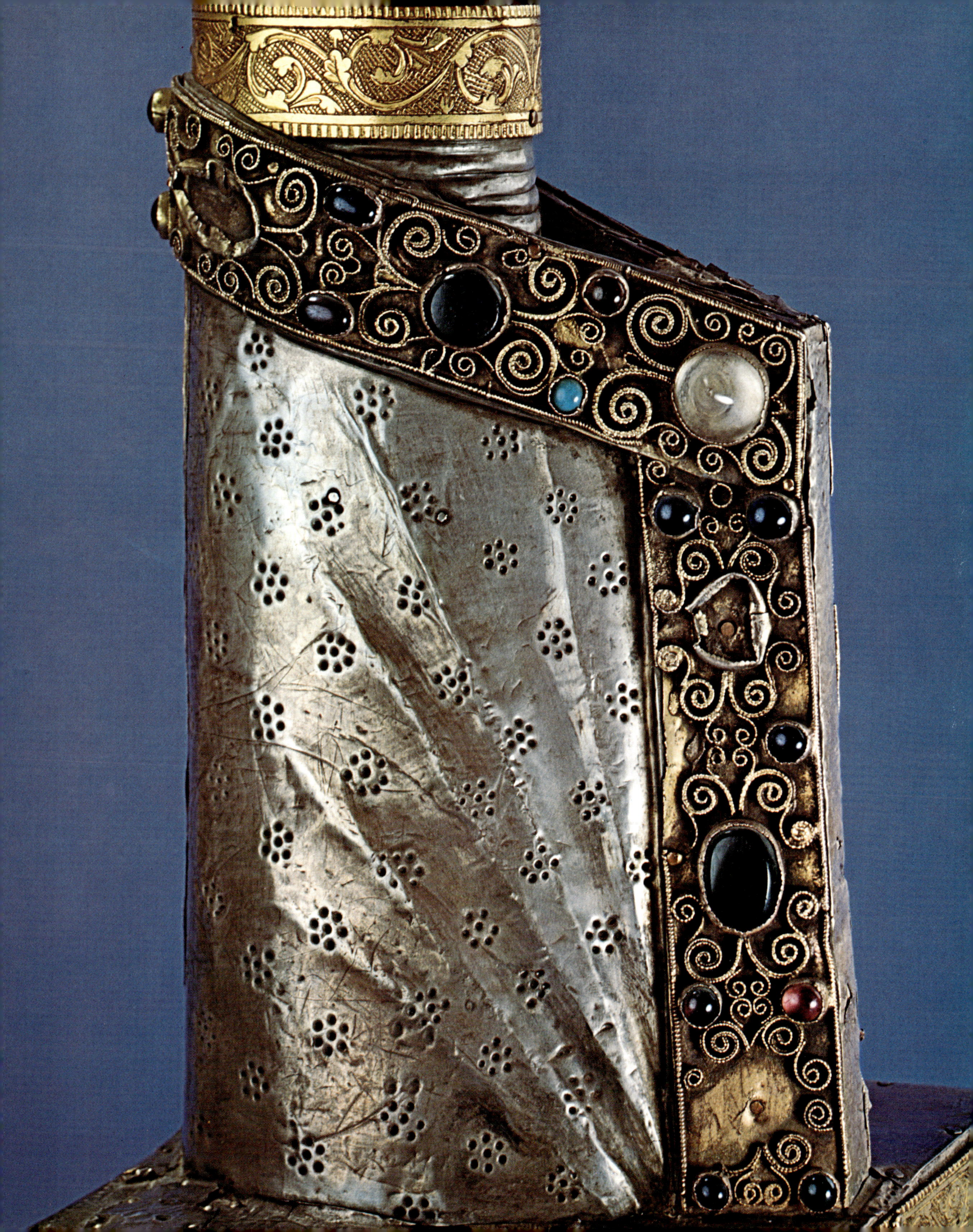

Eve filant. Médaillon du toit de la châsse de saint Maurice

Le trésor de l'abbaye de Saint-Maurice est en tous points caractéristique de la manière dont on constituait et dont on conservait les objets liturgiques. Composé en très grande partie de pièces offertes, par vénération ou par reconnaissance, il marque les grands moments de l'abbaye et plus particulièrement ceux du premier millénaire et ceux des XIIe et XIIIe siècles. De plus, à peu d'exceptions près, les pièces du trésor sont composites; celles des VIIIe et IXe siècles ont pour partie essentielle ou pour ornement des objets ou des fragments d'objets, des pierreries, des intailles antiques et païennes; celles du Moyen Age sont composées d'éléments d'emprunt, comme la monstrance de la Sainte Epine, ou constituées d'éléments récupérés de plusieurs pièces anciennes ou contemporaines, comme la châsse de saint Maurice. Toutes, cependant, sont marquées par la richesse, voire la somptuosité. «La multiple coloration des gemmes me tire de mes soucis extérieurs et une véritable méditation m'induit à réfléchir, transférant ce qui est matériel en immatériel», écrit Suger, qui avait poussé à l'extrême la richesse de la décoration de son église de Saint-Denis, ce qui n'alla pas d'ailleurs sans certaines réactions violentes, dont celle de saint Bernard, qui pourtant, après avoir violemment critiqué la statue de sainte Foy à Conques, écrira plus tard: «J'ai donné avec mépris les noms de Vénus et de Diane à cette statue... dans la suite j'éprouvai les plus vifs regrets de ma conduite insensée à l'égard de cette sainte amie de Dieu.»

Griffons affrontés. Détail agrandi de l'une des faces de l'aiguière dite de Charlemagne

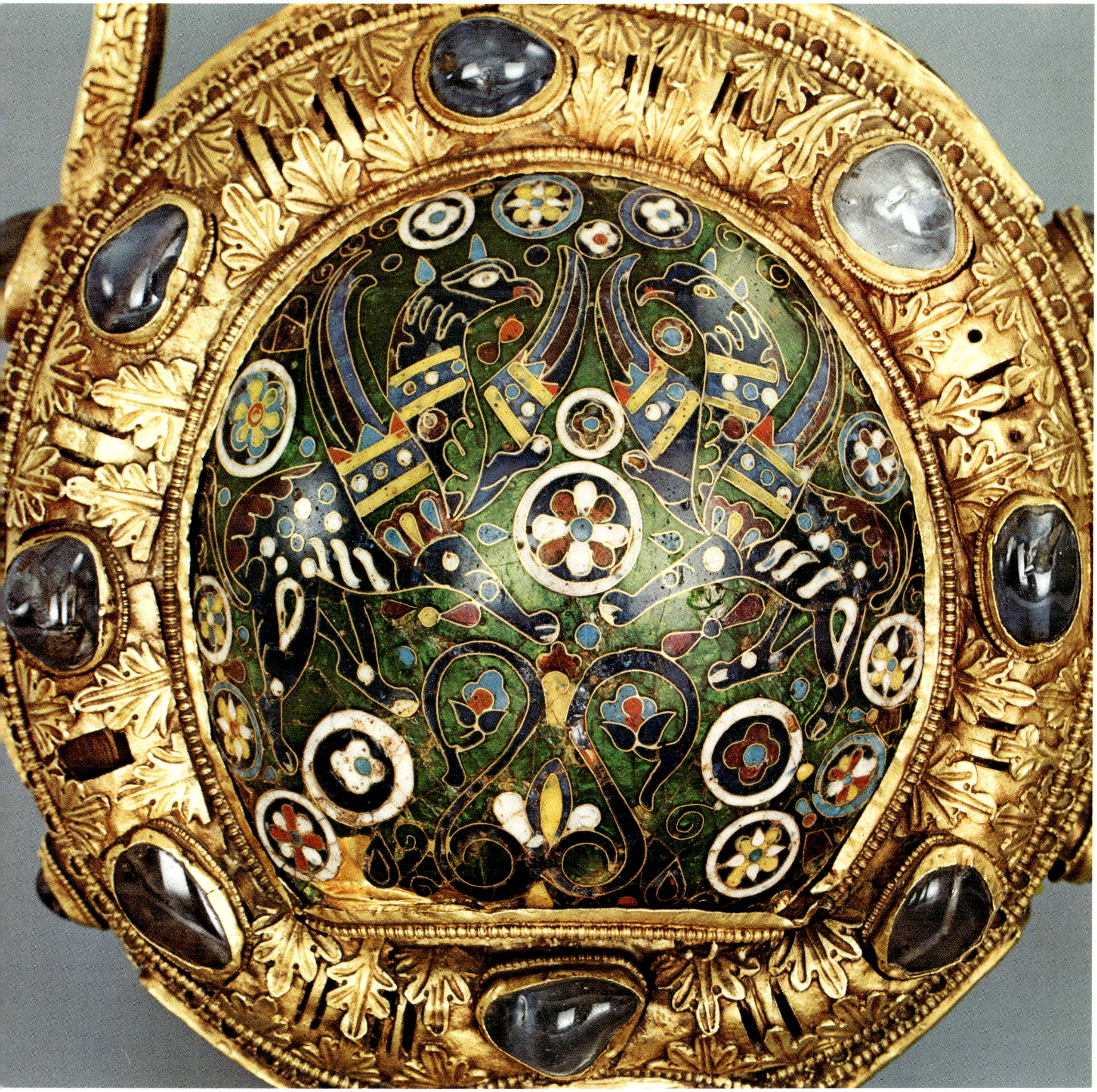

Le trésor de Saint-Maurice se compose pour l'essentiel de reliquaires, mais il comprend également d'intéressants objets liturgiques dont beaucoup appartiennent à des siècles récents et ne figurent pas dans cet ouvrage.

L'importance des reliquaires s'explique par le rôle considérable du culte des reliques au Moyen Age, mais aussi par la réputation de l'abbaye de Saint-Maurice, réputation qui lui valut ses donations les plus importantes. Les reliques sont celles de martyrs de la légion thébaine, saint Maurice, saint Candide, saint Victor, saint Innocent, celles du roi Sigismond et de ses enfants, ou celles qui furent données à l'abbaye, comme la Sainte Epine ou le fragment de la Vraie Croix.

Les pèlerins étaient nombreux et souvent puissants qui venaient vénérer les reliques des saints martyrs d'Agaune ou qui, plus simplement, cherchaient auprès d'elles la protection de leur pouvoir prophylactique, selon les maux qu'ils enduraient. Ils durent d'abord approcher les reliques dans les cryptes ménagées sous la basilique et ceci jusqu'à ce qu'elles soient transférées, au XIIIe siècle, dans les châsses qui furent construites ou transformées à cet effet.

Dans l'inventaire des reliquaires les plus caractéristiques, les châsses de saint Maurice, des enfants de saint Sigismond et de Nantelme, il faut inclure les objets profanes ou religieux transformés en reliquaires comme les monstrances de la Sainte Epine et de sainte Apollonie, l'aiguière dite de Charlemagne, le vase d'onyx et quelques autres encore.

Parmi les objets liturgiques ou les insignes abbatiaux, la crosse émaillée est un magnifique exemple de l'art limousin de la fin du XIIe siècle. Les deux grandes coupes ciboires ont été probablement utilisées comme ciboires avant d'être transformées pour un temps en reliquaires, la monstrance de sainte Apollonie, enfin, était, à l'origine, une custode ou boîte à hosties.

L'origine des pièces est souvent incertaine et, la plupart du temps, basée sur la tradition. C'est ainsi que l'on considère l'aiguière comme un don de Charlemagne, ce qui paraît plausible si l'on considère son style, mais c'est au même Charlemagne que l'on attribue le don de la coupe-ciboire à médaillons, plus récente de quelques siècles. La monstrance de la Sainte Epine, par contre, a bien été offerte par saint Louis, comme le prouve un acte de 1262; plusieurs pièces, enfin, ont été remises à l'abbaye par la maison de Savoie, dont les ducs eurent toujours la précaution de faire marquer leurs cadeaux de leurs armes.

Pour la raison que nous avons déjà soulignée et pour d'autres encore, que nous marquerons lors de la description de chaque pièce, le trésor de l'abbaye de Saint-Maurice est d'un très grand intérêt archéologique et artistique, comme le prouvent les nombreuses études de détail qui lui ont été consacrées depuis que l'on admet que l'orfèvrerie, surtout pendant les hautes époques, n'est plus un art secondaire mais au contraire une expression artistique importante.

L'absence presque complète de documents d'archives, les remplois de l'Antiquité et la construction composite de certaines pièces posent nombre de problèmes archéologiques et historiques dont beaucoup ne sont pas près d'être résolus. Si certaines pièces peuvent être facilement datées et s'il est même possible de les attribuer à un atelier ou à une région, pour d'autres les hypothèses sont encore nombreuses quant à leur origine et à leur date.

Une tendance assez récente à rechercher dans la région alpine les ateliers dans lesquels furent exécutées certaines pièces et non des moindres trouve des défenseurs de plus en plus nombreux, certains auteurs estimant même que quelques objets du premier millénaire, où des époques romanes et gothiques, sortent des ateliers de l'abbaye même, ce que, malheureusement, aucun document écrit ne permet d'affirmer. Sans du tout exclure cette possibilité il faut admettre, par la comparaison, qu'un certain nombre de pièces d'orfèvrerie religieuse appartenant à des cathédrales, églises ou couvents du pays alpin ont des traits communs qui permettent de les attribuer à des ateliers régionaux, mais non situés; l'un de ceux-ci aurait pu se trouver à Saint-Maurice où très tôt l'on frappe monnaie. A l'appui de cette thèse, quelques auteurs mettent en avant l'iconographie particulière attribuée à saint Maurice et à ses compagnons mais il était facile de transmettre des modèles d'un atelier à l'autre et malgré la séduction incontestable de cette opinion aucune affirmation n'est possible.

Peut-être découvrira-t-on un jour des documents d'archives ou des comparaisons solides qui viendront prouver l'existence d'un atelier d'orfèvrerie à Saint-Maurice, pendant les deux époques les plus florissantes de l'abbaye. Nous devons pour le moment nous contenter des suppositions que nous faisons dans l'inventaire qui suit, en nous appuyant au maximum sur certaines preuves fournies par les auteurs ou par l'étude directe de certaines pièces et en particulier de celles qui ont été remaniées.

Il faut distinguer dans le trésor plusieurs groupes: les objets du premier millénaire, les grandes pièces d'orfèvrerie et les objets liturgiques romano-gothiques, les objets de la fin du Moyen Age et enfin les pièces modernes, ces dernières n'étant pas recensées ici.

Les quatre pièces mérovingiennes et carolingiennes font à elles seules la réputation du trésor. Les grandes châsses ont probablement été exécutées puis remaniées entre 1150 et 1225, c'est-à-dire entre la restitution par la Maison de Savoie de cent marcs d'argent et deux marcs d'or et la *rélévation* des reliques décidée par l'Abbé Nantelme. Les objets liturgiques sont de provenance et de qualité très diverses; ils sont cependant tous liés aussi à l'histoire de l'abbaye.

LES RELIQUAIRES
DU PREMIER MILLÉNAIRE

Coffret de Teudéric. Petit côté

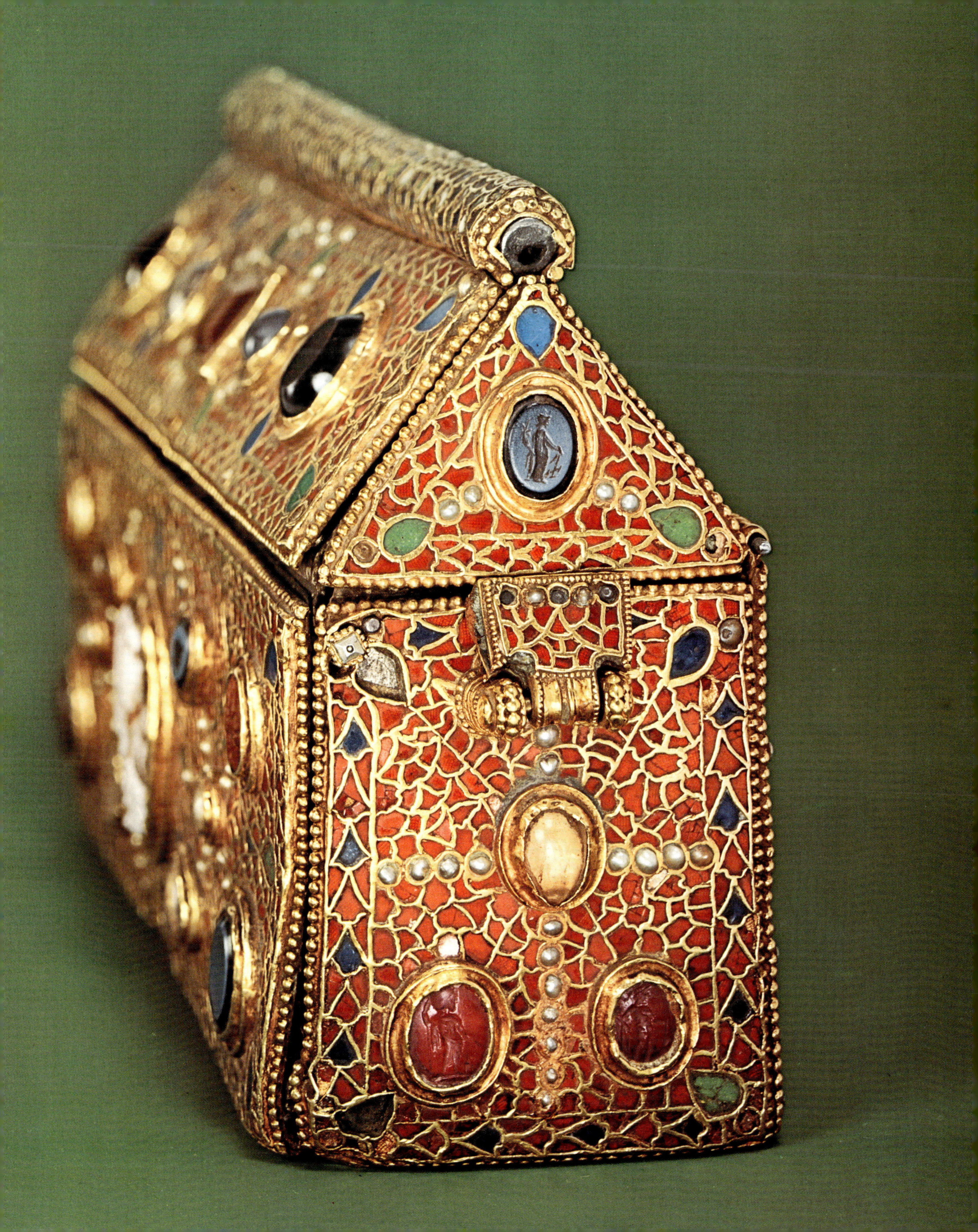

Bourse-reliquaire. Face postérieure décorée de l'arbre de vie

Si l'on a gardé pendant longtemps l'habitude d'attribuer à Charlemagne des donations d'objets dont certains appartiennent au VIIIe siècle mais d'autres aux siècles précédents et même à la fin du premier millénaire, c'est que l'époque carolingienne avait donné un tel essor aux arts, en conciliant adroitement les apports de l'Orient et de l'Antiquité aux besoins du christianisme, que toute œuvre préromane lui était attribuée. L'utilisation de modèles antiques ou byzantins et surtout la transformation ou le remploi d'objets païens ne rend d'ailleurs pas aisée la datation de certaines œuvres composites, auxquelles on attribue encore aujourd'hui des origines et des dates fort diverses. Les techniques de l'orfèvrerie varieront peu au cours des siècles; la soudure de filigranes d'or, le sertissage de cabochons ou d'intailles, la recherche de couleurs vives dans les émaux, le jeu décoratif des arabesques et des rinceaux d'or, tous ces éléments marquent toute la seconde moitié du premier millénaire, et les repères iconographiques ou stylistiques sont si peu nombreux, que cerner les origines, les ateliers et les époques avec quelque précision est presque toujours malaisé.

Le trésor de Saint-Maurice a le privilège insigne de posséder quatre pièces préromanes dont trois sont d'une rare qualité, la quatrième représentant dans l'inventaire un exemple intéressant de l'orfèvrerie alpine, dont d'autres témoins se trouvent entre autres à Coire et à Sion.

Le vase d'onyx, le coffret de Teudéric et l'aiguière dite de Charlemagne sont caractérisés par leurs petites dimensions, par la richesse des matériaux, l'or, l'émail, les pierres précieuses ou semi-précieuses, et par des remplois antiques. Le coffret a été commandé à deux orfèvres, dans un but précis, l'aiguière, profane dans sa conception première, a été transformée en reliquaire, le vase dit de sardonyx, païen d'origine et de thème, a été monté sur un pied d'or et de verroteries et couronné de même, mais aucune de ces pièces ne porte de marques ou de symboles chrétiens et même lorsque l'on cherche à les découvrir au travers du rythme de la composition ou de la symbolique des couleurs cela ne peut être que considérations modernes. Ce qui importait alors c'était la richesse de matière et de décor de l'objet que l'on offrait en général pour y déposer de saintes reliques pour lesquelles aucune enveloppe n'était alors trop belle.

Si donc la vision chrétienne semble faire défaut dans ces pièces précieuses et si, au contraire, dans l'onyx ou dans les intailles ressortent des thèmes païens, cela n'enlève aucune des qualités d'ensemble ou de détail de ces précieux témoins de l'orfèvrerie du premier millénaire et nous pouvons contempler avec émerveillement la beauté précieuse des émaux de l'aiguière, l'habileté de la gravure du vase d'onyx ou le rythme sans défaut du revers du coffret de Teudéric.

Dans son ouvrage sur les antiquités du Valais, Mgr. Besson écrivait au sujet de ces pièces: «Parmi les cités de l'ancien royaume franc il n'y en a peut-être aucune qui puisse présenter une collection de reliquaires antérieurs à l'an 1000, comparable à celle qu'offre le Valais.»

COFFRET DE TEUDÉRIC

Ce joyau unique de l'orfèvrerie mérovingienne est une des pièces les plus précieuses du trésor et l'un des exemples les plus extraordinaires de l'orfèvrerie du premier millénaire.

Ce reliquaire barlong se compose d'un coffret et d'un toit à deux pans reliés entre eux par une charnière longitudinale, à laquelle correspond, sur la face antérieure, une fermeture dissimulée dans le décor. Sur des plaques d'argent sont rivées des plaques d'or cloisonné décorées de pâtes de verre, d'intailles et de cabochons, sauf sur la face postérieure dont le côté porte une inscription et le toit un décor filigrané. Le toit est terminé par un bourrelet cylindrique; sur les petits côtés deux charnières servaient à fixer la courroie de ce reliquaire portatif. Notons enfin que toutes les arêtes sont couvertes de rangs de perles qui cachent les jointures des feuilles d'or. Le fond, plaqué d'or, est également orné d'un filet perlé.

La face principale du coffret, y compris le toit, et les deux côtés portent un décor identique. Sur un fond de pâtes de verre cloisonnées, dans lesquelles dominent les rouges, ponctués de bleu et d'un peu de vert, sont montées sur chatons des pierres, des intailles ou des cabochons.

Le côté principal est marqué, en son centre, d'un grand portrait de profil, que certains estiment être celui de saint Maurice. Considéré longtemps comme un camée romain, cet élément décoratif ovale est en fait une pâte de verre blanc sur fond vert, travaillée à l'antique. De chaque

Coffret de Teudéric. Face antérieure

61

Coffret de Teudéric. Face postérieure

63

côté de cette pièce centrale quatre intailles ou cabochons sont disposés en carré et reliés entre eux par un rang de perles montées en cabochons; le centre est marqué d'une perle plus grosse. Le tout se détache sur le fond de pâtes de verre dont le cloisonné compose d'une part un bandeau extérieur et d'autre part deux carrés aux côtés incurvés, placés en pointes entre les cabochons et les intailles.

Autour de la tête de saint Maurice, des verres bleus et oblongs forment comme une couronne ou une fleur, deux cloisonnés bleus et deux cloisonnés verts rythmant en haut et en bas, à gauche et à droite cette habile composition.

Le pan antérieur du toit est orné de cinq grosses pierres montées sur chatons; le fond est de la même composition que celui de la face.

Le toit est mobile; une épingle d'argent massif à tête pyramidale perlée d'or coulissant sur toute la longueur de la jointure forme «serrure» entre le coffret et le toit.

Les petits côtés sont décorés de la même manière, à la différence près que les rangs de perles ne sont pas placés en diagonale mais en forme de croix latine.

Le rouleau terminal du coffret est décoré de pâtes de verre cloisonnées aux dominantes bleues avec quelques taches de vert; beaucoup d'auteurs ont cru que cette partie du reliquaire était en émail cloisonné.

Le dos de cette petite pièce n'est pas d'un intérêt inférieur à sa face principale. Il contient une inscription admirablement composée dans un damier traité en diagonale. Voici cette inscription:

TE / VDERI / GVS PRES / BITER IN HO / NVRE SCI MAV / RICII FIERI I / I VSSIT AMEN / NORDOALAVS / ET RIHLINDIS / ORDENARVNT / FABRICARE / VNDIHO / ET ELLO / FICER / VNT

Le damier losangé est tracé par un filigrane perlé; les lettres tracées en creux sont coupées de quelques clous d'or qui fixent la plaque à l'armature d'argent.

Cette inscription nous fait savoir qu'un prêtre du nom de Teudéric a chargé deux personnes, Nordoalaus et Rihlindis, qui furent peut-être ses exécuteurs testamentaires, de faire exécuter ce coffret par Undiho et Ello et ceci en l'honneur de saint Maurice.

Le pan arrière du toit est orné de filigranes entrelacés.

L'origine et la date de cette merveilleuse pièce d'orfèvrerie ont été souvent controversées mais tous les spécialistes se sont accordés à la situer entre les VIIe et IXe siècles. Des comparaisons récentes et en particulier celles faites par Haseloff avec la crosse abbatiale de saint Germain, de l'église Saint-Marcel, à Delémont, permettent de supposer que nous avons une œuvre du VIIe siècle fortement influencée par une certaine orfèvrerie de l'époque des invasions et exécutée non loin de Saint-Maurice dans quelque atelier du Plateau suisse, entre Aare et Rhin, ce qui naturellement infirme totalement une tradition ancienne, qui aurait voulu que cette pièce fut remise à l'abbaye par le pape Eugène III, en 1147.

Le chanoine J.-M. Theurillat, fort du privilège accordé au monastère de frapper monnaie, émet l'hypothèse que le coffret de Teudéric aurait pu être exécuté dans les ateliers conventuels. Cette idée n'est pas à repousser mais il faut admettre avec prudence que le travail est régional et date du VIIe siècle, à l'époque où l'on passe de l'emploi de la verroterie, chère aux Lombards, en particulier, à celui de l'émail, que l'on semble connaître dès la fin de ce siècle.

Les hypothèses importent peu face à ce précieux coffret, premier don émouvant au monastère créé au pied du rocher à la mémoire des martyrs, premier témoignage de la vénération que l'on portait déjà à saint Maurice, premières signatures d'habitants de la région et d'artisans laïcs ou religieux dont les noms passent ainsi à la postérité, dans l'élégante préciosité d'une dédicace d'or.

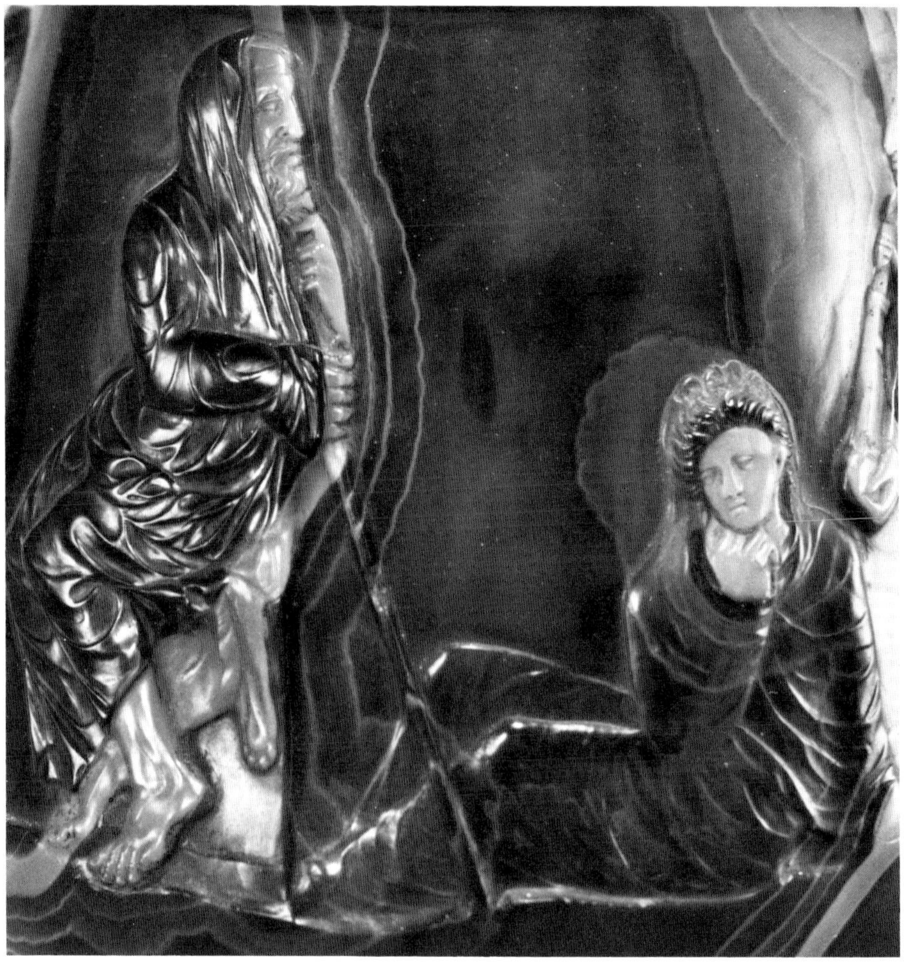

VASE DE SARDONYX
DIT DE SAINT MARTIN

Ce petit reliquaire se compose de deux éléments distincts: un vase antique taillé dans un bloc de sardonyx et une monture d'or de l'époque carolingienne.

Le vase a été taillé dans un onyx aux veines bleues, violettes et rougeâtres, habilement utilisées par l'artiste pour y traiter une scène aux personnages et aux chevaux modelés et dessinés avec le plus heureux effet. De nombreuses interprétations ont été données de cette composition, que l'on a rattachée, avec plus ou moins de succès, à des légendes ou a des faits historiques de l'antiquité, parmi lesquels il faut citer le retour d'Ulysse, Achille à Scyros, un épisode de la guerre de Troie et, en dernier lieu, selon Charles Picard, une scène tirée de la légende de Phèdre. Aucune des interprétations ne donne réellement satisfaction, au point que l'on peut se demander, en définitive, si le graveur, conduit par le jeu des veines de la pierre et par le respect de la forme, n'a pas choisi des personnages appartenant à des thèmes divers ou peut-être même à aucun thème connu. Il n'est pas certain non plus, comme on l'admet parfois, que ce vase ait été un objet de culte, pas plus que l'on ne peut l'admettre pour le vase de sardonyx du trésor de Saint-Denis, aujourd'hui au Louvre, monté en aiguière au XIIe siècle par Suger. Cette dernière pièce d'ailleurs, identique de forme mais irrégulièrement taillée, ne porte aucun décor.

Le vase lui-même, dont l'anse a été brisée, est de tradition alexandrine de l'époque des Ptolémées, soit du IIe ou du début du Ier siècle avant notre ère. Il est possible

Vase de sardonyx.
Détail agrandi du vase antique

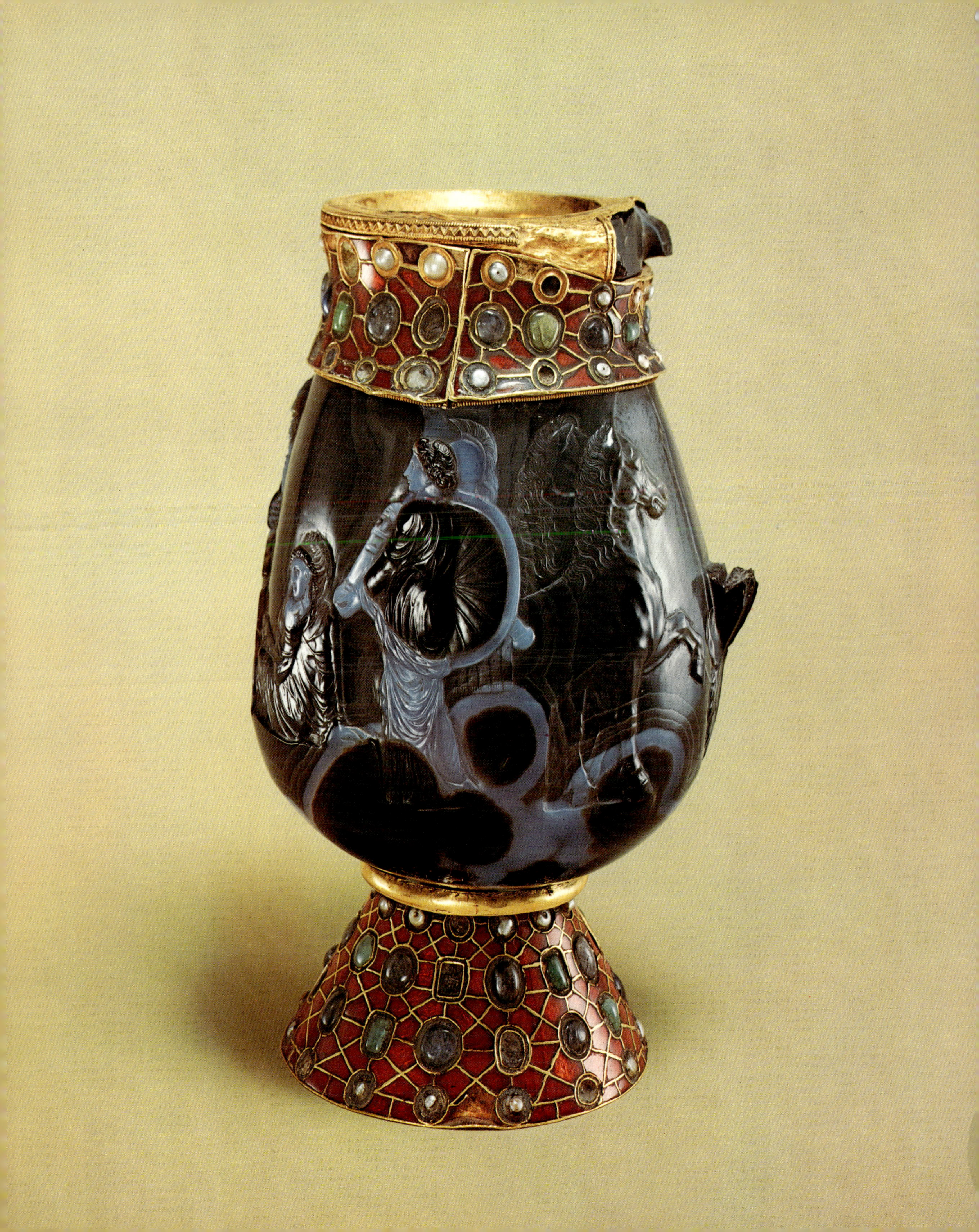

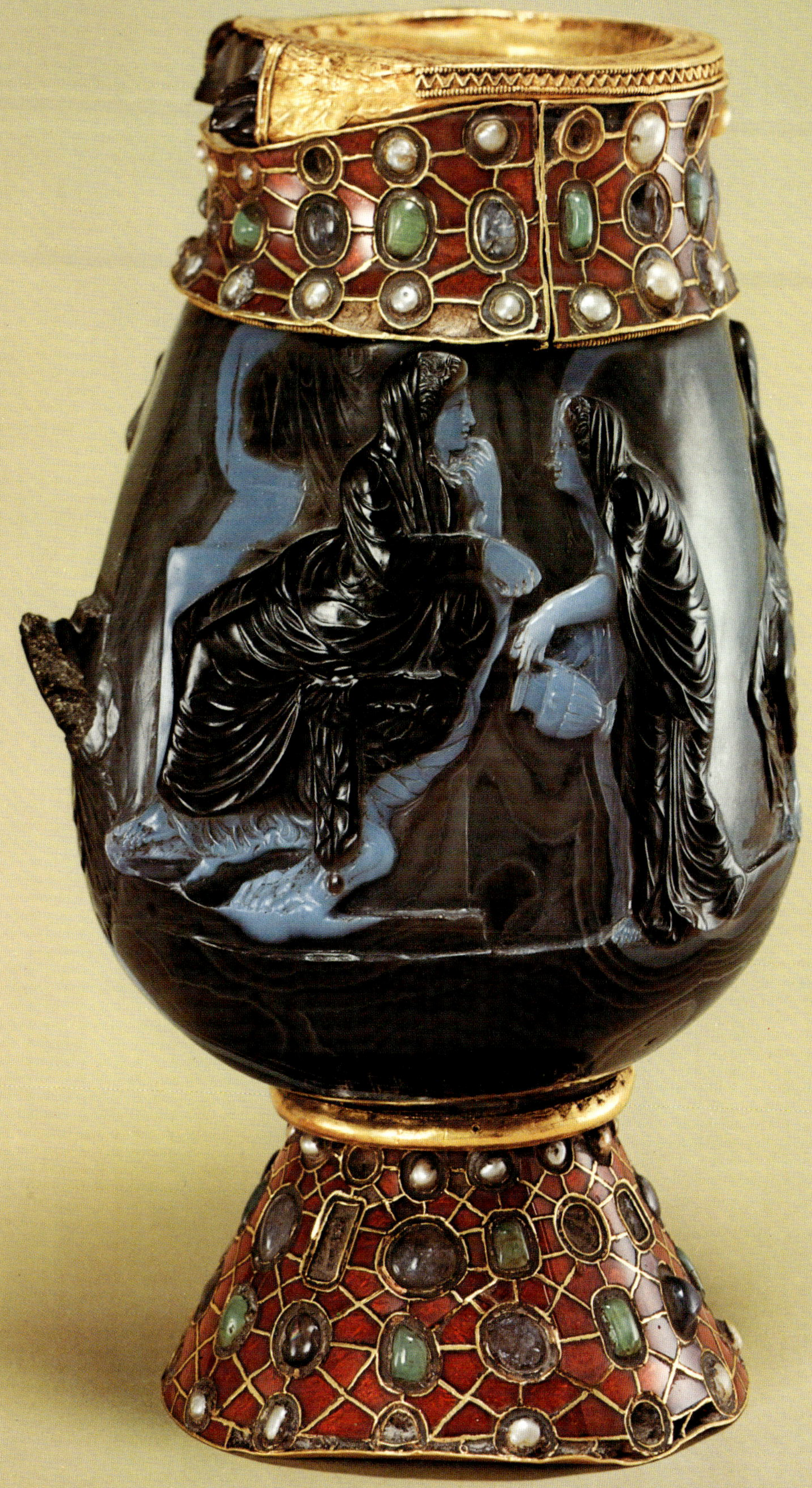

qu'il ait appartenu à quelque haut personnage qui le conservait dans son trésor, comme Aliènor d'Aquitaine gardait comme un bien précieux le vase que Suger lui emprunta pour en faire une aiguière.

Une légende tardive, encore répandue en France, voudrait que ce vase fut donné à l'abbaye de Saint-Maurice par saint Martin, évêque de Tours, qui vécut au IVe siècle, et qui devint le saint patron de la monarchie sous les Mérovingiens et les Carolingiens et le saint patron de Paris sous les Capétiens, ce qui explique peut-être les raisons pour lesquelles on en fait un donateur de Saint-Maurice. Il faut ajouter qu'il était le patron des soldats et surtout des cavaliers.

La légende a été rapportée dans les chroniques et illustrée sur une tapisserie de l'église Saint-Martin d'Angers, actuellement au château de cette ville, qui représente le saint, en pélerinage à Agaune, recueillant une miraculeuse rosée de sang sur le lieu du martyre de la légion thébaine et en remplissant quatre vases que lui tend un ange. Ces vases, toujours selon la légende, auraient été remis à l'abbaye par saint Martin.

Que ce grand prélat originaire de Pannonie, dans l'actuelle Hongrie, soit venu s'incliner sur la tombe des légionnaires martyrs, lui qui fut vétéran de l'armée romaine, cela est fort possible et cela explique le lien que l'on a essayé de créer entre saint Maurice et lui. L'objet qui est conservé aujourd'hui dans le trésor rend cependant cette légende séduisante peu plausible ou en tout cas ne permet pas de lier directement l'origine du vase d'onyx au miracle de la rosée de sang du champ des martyrs.

Le vase antique a été monté sur un pied conique d'or et de verroteries cloisonnées et cerclé, dans sa partie supérieure, d'un col de la même technique, qui fut longtemps en partie caché par le sceau grossier, qui avait servi à sceller les reliques à l'intérieur du vase.

Sur le fond de verroteries rouge-grenat du pied se détachent quatre rangs de pierres et de perles montées en cabochons. La première rangée du bas comprenait quatorze perles, la seconde et la troisième chacune quatorze émeraudes et saphirs alternés et la rangée supérieure était composée de quatorze petites perles. Quelques pierres et

p. 68-69. Vase de sardonyx

quelques perles ont aujourd'hui disparu; elles étaient toutes placées aux angles des trapèzes coupés de diagonales qui dessinent le cloisonné du fond.

Le col est ceint d'une sorte d'anneau d'or au décor identique mais plus serré que celui de la base, le tout formant un ensemble décoratif très bien adapté au vase tant par le dessin que par l'opposition des couleurs.

Il est difficile de dater avec précision la monture d'or du vase d'onyx, mais l'emploi de la verroterie et non d'émaux, la régularité du dessin, la qualité de la technique permettent de le situer vers la fin de l'époque mérovingienne, soit dans la première moitié du VIIIe siècle.

On aurait peut-être tendance à rapprocher ce vase du coffret de Teudéric, mais il est malgré tout difficile d'admettre que les deux pièces furent exécutées à la même époque, soit au VIIe siècle.

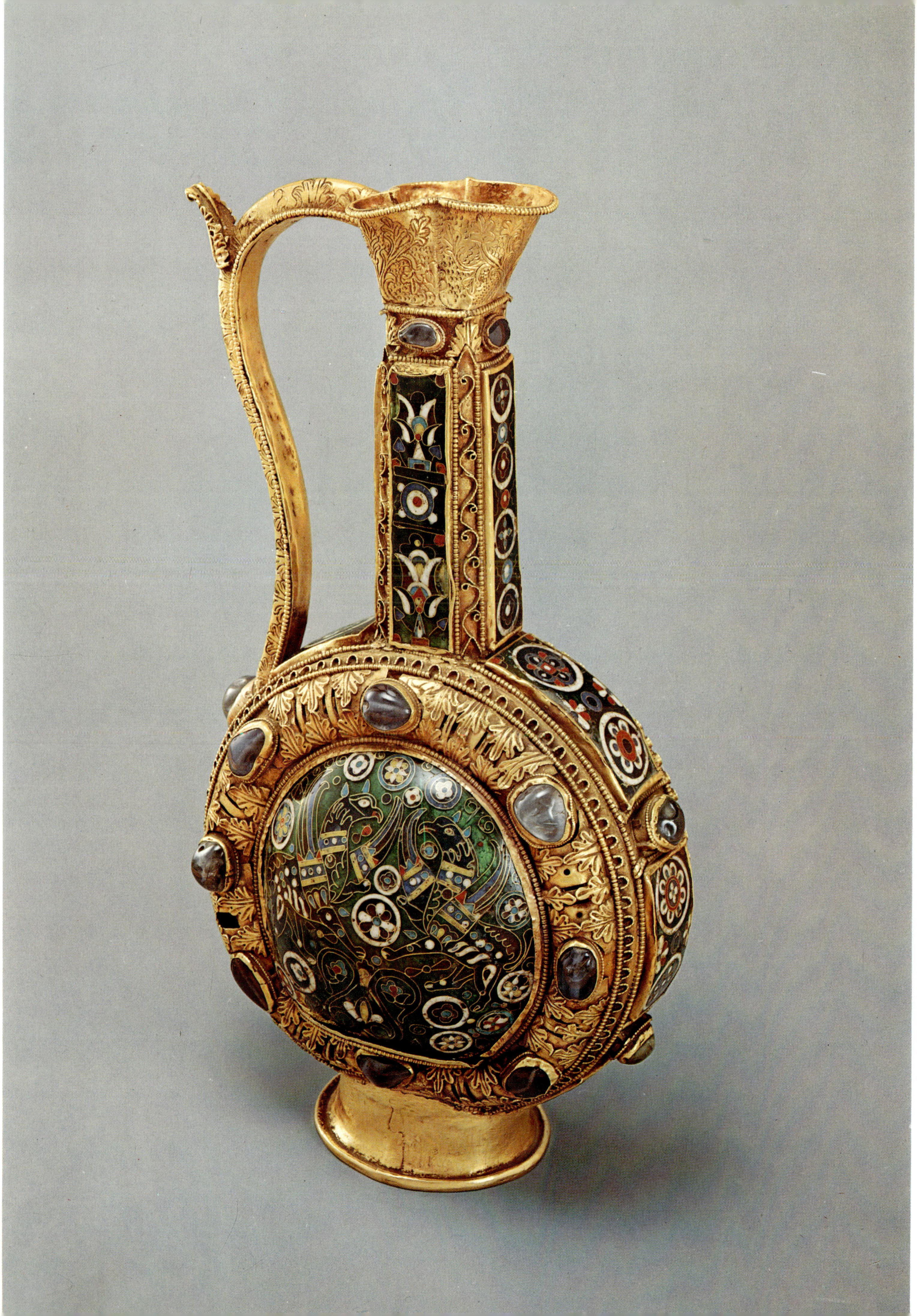

AIGUIÈRE DITE DE CHARLEMAGNE

C'est en 807 que Abd Allah, ambassadeur d'Haroun-al-Rachid, le puissant calife abbâside, arrive dans la capitale des Francs, porteur des présents d'usage, dont la description faite par Eginhard ne mentionne aucune des pièces rares qui auraient été remises ensuite par Charlemagne à quelques puissantes abbayes, à Saint-Maurice, à Saint-Denis et à Aix-la-Chapelle. C'est par tradition que l'aiguière du trésor fut considérée comme un don du grand empereur; c'est à son aspect oriental qu'elle passe souvent pour avoir fait partie des présents offerts par le célèbre calife à l'empereur des Francs.

Cette tradition n'a pas influencé tous les érudits qui se sont penchés sur l'étude de cette merveilleuse pièce d'orfèvrerie composite que l'on essaye depuis un siècle de dater du VIe au XIIe siècle et pour laquelle on a proposé des origines fort diverses.

L'aiguière de Saint-Maurice a la forme caractéristique des gourdes fabriquées pendant des siècles dans tout le Proche-Orient. La panse circulaire est composée de deux disques convexes émaillés sertis dans des anneaux d'or eux-mêmes soudés l'un à l'autre par un bandeau du même métal. Le col à quatre pans se termine par une embouchure trilobée reliée à la panse par une anse élégante incurvée en S. Un pied ovale d'or martelé sert de base à cet élégant objet.

L'aiguière, qui fut transformée en reliquaire, est incontestablement composée de deux parties très dis-

Aiguière dite de Charlemagne. Face aux griffons

tinctes: les émaux de la panse et la monture d'or ornée d'émaux, de cabochons et de filigranes. Il est exclu d'admettre, comme on le fit souvent, qu'elle fut importée d'Orient telle qu'elle est; beaucoup de détails techniques à eux seuls le démontrent.

Les émaux sont très probablement d'origine byzantine. Ils sont d'une qualité rare de perfection et de transparence qui donne à chaque composition une vibration et une vie incomparable et inconnue des émailleurs occidentaux de l'époque carolingienne.

Les deux émaux de la panse sont circulaires, sauf dans la partie inférieure où ils sont coupés par une ligne horizontale. Sur l'une des plaques on voit deux griffons affrontés, aux dominantes bleues et brunâtres posés sur un fond vert translucide semé de médaillons circulaires aux diamètres variés, ornés en leur centre de fleurs stylisées ou de rosaces à quatre ou huit pétales. Dans le bas de la composition une double volute en S affrontés paraît être un rappel de l'arbre de vie qui figure sur tant de compositions de l'art byzantin et même de tous les arts du Proche Orient.

Sur la seconde face, ce sont deux lions dressés sur leurs pattes arrière qui se font face mais plus séparés l'un de l'autre que les griffons par une composition géométrique très colorée qui pourrait être une stylisation une fois encore de l'arbre de vie posé, ici, sur un socle d'où émerge un tronc triangulaire. Le fond vert, comme sur l'autre face, est semé de médaillons mais aussi d'éléments divers du plus bel effet décoratif.

Les plaques émaillées sont serties dans des couronnes d'or marquées, à l'intérieur et à l'extérieur, d'un rang de petites perles, d'où s'échappent, de part et d'autre, des feuilles découpées qui se détachent sur le fond à jours d'une feuille d'or. Huit gros saphirs montés en cabochons sur des chatons cernés de perles soulignent la somptuosité de cette monture.

Les deux faces de la panse sont réunies par un bandeau plat orné de petites plaques émaillées à décor géométrique de rosettes identiques à celles des grands émaux et qui comme elles se détachent sur le fond vert translucide. Quatre saphirs sont fixés sur ce bandeau extérieur.

Aiguière dite de Charlemagne. Face aux lions

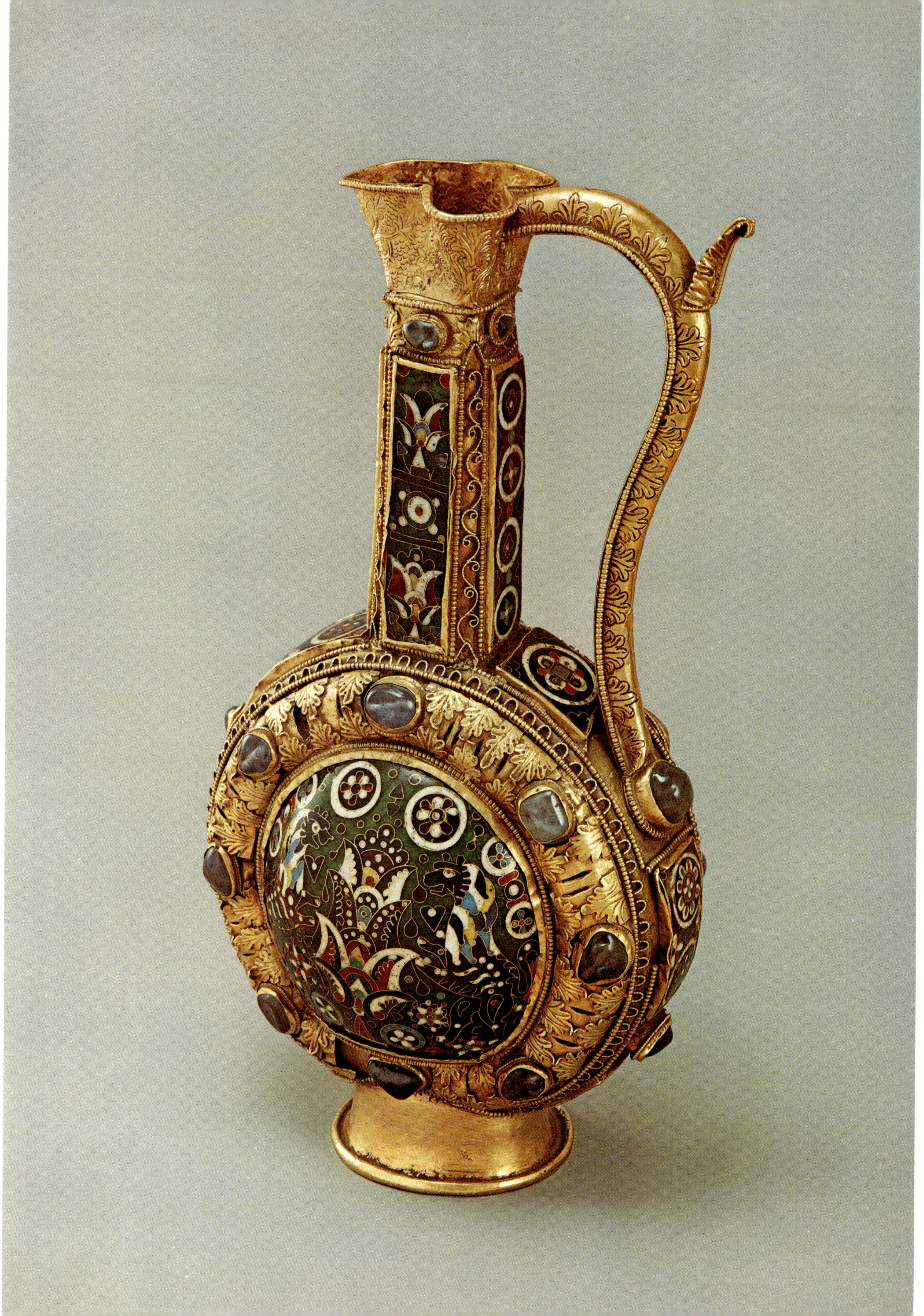

Le col à huit pans est orné d'émaux sur lesquels on retrouve encore les mêmes ornements que sur la panse, et ceci sur quatre faces alors que les quatre autres, plus étroites, sont ornées de rangs de perles et de rinceaux en filigranes.

La somptuosité de cette pièce et son unité apparente font d'abord oublier qu'elle est composée de deux éléments distincts mais tous deux difficiles à dater et à situer. Aux théories séduisantes de ceux qui rattachent émaux et monture à l'art du bassin oriental de la Méditerranée ou tout simplement à l'art byzantin, comme nous le relevons dans les notes, s'opposent ceux qui suivant Alföldi, admettent sa thèse fort séduisante d'une monture avare.

L'orientalisme d'esprit et même d'exécution de cette remarquable pièce reste incontestable même si l'on admet la théorie d'Alföldi, mais il n'en reste pas moins vrai qu'il est difficile de dire si cette aiguière date du VIIIe ou du IXe siècle. L'absence d'éléments religieux, inscription ou figure, prouve en tout cas qu'elle fut d'abord un objet profane aux formes traditionnelles et que ce n'est que plus tard qu'elle fut transformée en reliquaire pour être donnée à Saint-Maurice.

BOURSE-RELIQUAIRE

Ce petit reliquaire de plan rectangulaire est en argent doré, orné sur une face d'éléments décoratifs en argent repoussé et sur l'autre de chatons à cabochons rivés sur le fond d'argent doré.

Comme la plupart des bourses-reliquaires du premier millénaire, celle-ci est étroite et toutes ses faces sont légèrement inclinées vers l'intérieur, en tronc de pyramide; le toit est allongé. Les joints des quatre plaques d'argent rivées au coffret de bois, sont cachés par des bandeaux de perles épaisses en argent repoussé et doré, qui forment arête sur les côtés et sur le toit et soulignent la structure de toute la pièce. L'ouverture se trouve sous le coffret.

La première face ainsi que les petits côtés sont ornés de cabochons montés sur chatons fixés par des rivets sur les plaques d'argent doré et uni. Le côté comprenait, à l'origine, quinze pierres en trois rangs dont quatre ont aujourd'hui disparu: celle du centre et celles des angles inférieurs sont plus grosses et plus claires que les autres; celles qui entourent le cabochon du centre sont carrées et vertes et sont disposées en forme de croix. Sur le pan du toit, un cabochon central clair et gros est entouré de trois pierres vertes carrées et de quatre autres cabochons dont deux ont perdu leurs pierres.

Les côtés, y compris le pan du toit, étaient ornés chacun de quatre chatons; ils portent, de plus, les traces de fixations des charnières ou des boucles auxquelles étaient fixée la courroie qui servait à porter le coffret sur la poitrine, au cours des processions et pendant certains offices.

Les pierres sont des saphirs, des émeraudes, des améthystes et des cristaux de roche; aucune ne porte des traces de taille ou de gravure.

La face postérieure est décorée d'un double rinceau à trois volutes d'acanthe opposées, terminées par des palmettes de feuilles fermées. Cet arbre de vie simplifié est traité au repoussé; il se détache en argent naturel sur le fond doré. Les noms d'Innocent et de Candide ont été maladroitement gravés au bas de la volute, à une période récente.

Edouard Aubert situait ce reliquaire au XIIe siècle; il fut suivi en cela par beaucoup. La forme générale, la distribution des cabochons, la fixation des chatons, l'épaisseur des bâtes et les comparaisons comme, par exemple, avec la petite châsse portative de la cathédrale de Sens ou le petit reliquaire de la cathédrale de Coire, situent cette œuvre au IXe siècle; il s'agit probablement du travail d'un orfèvre local.

Bourse-reliquaire. Face antérieure

p. 80 Saint Jean. Détail du grand côté de la châsse de saint Maurice

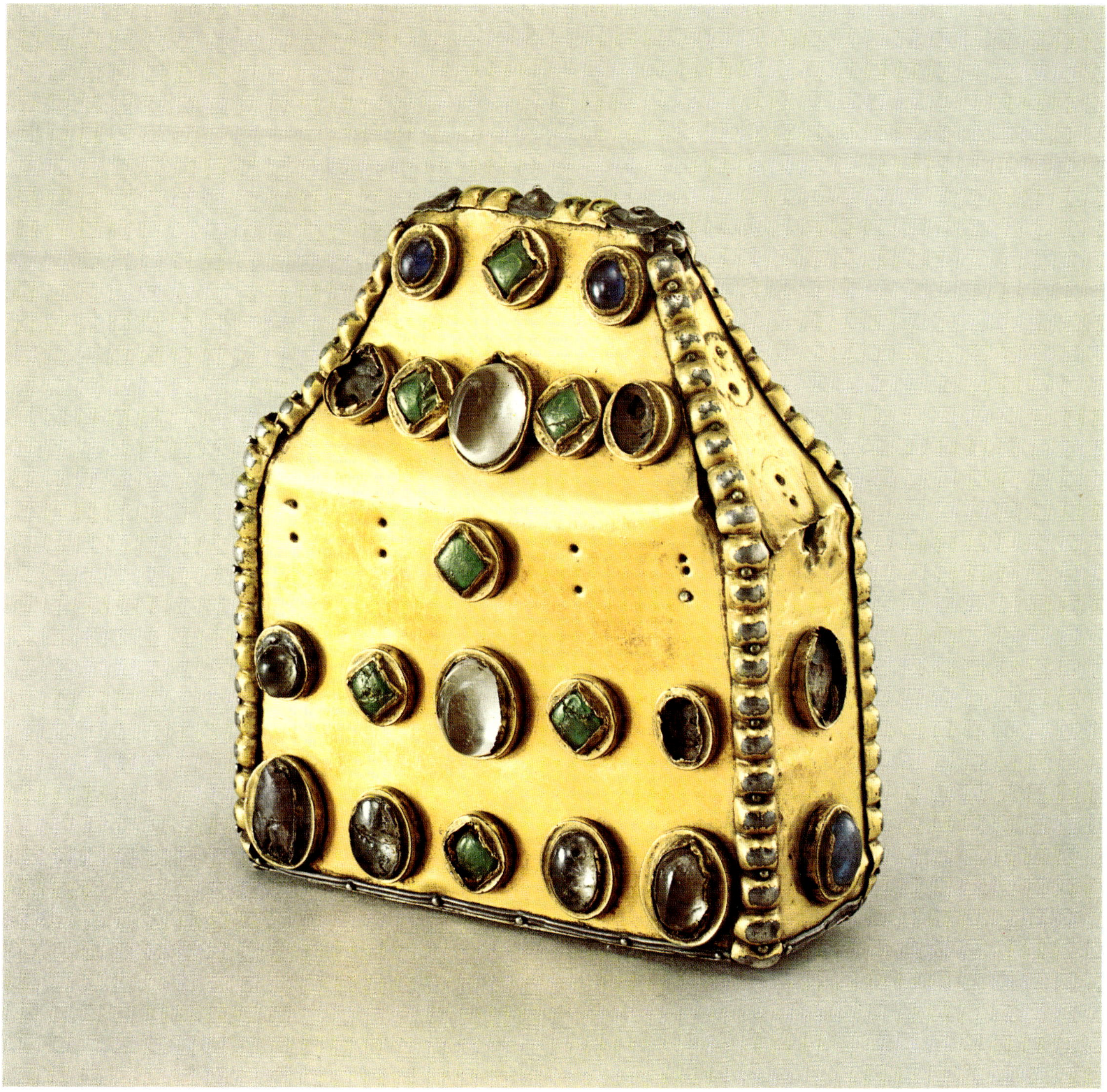

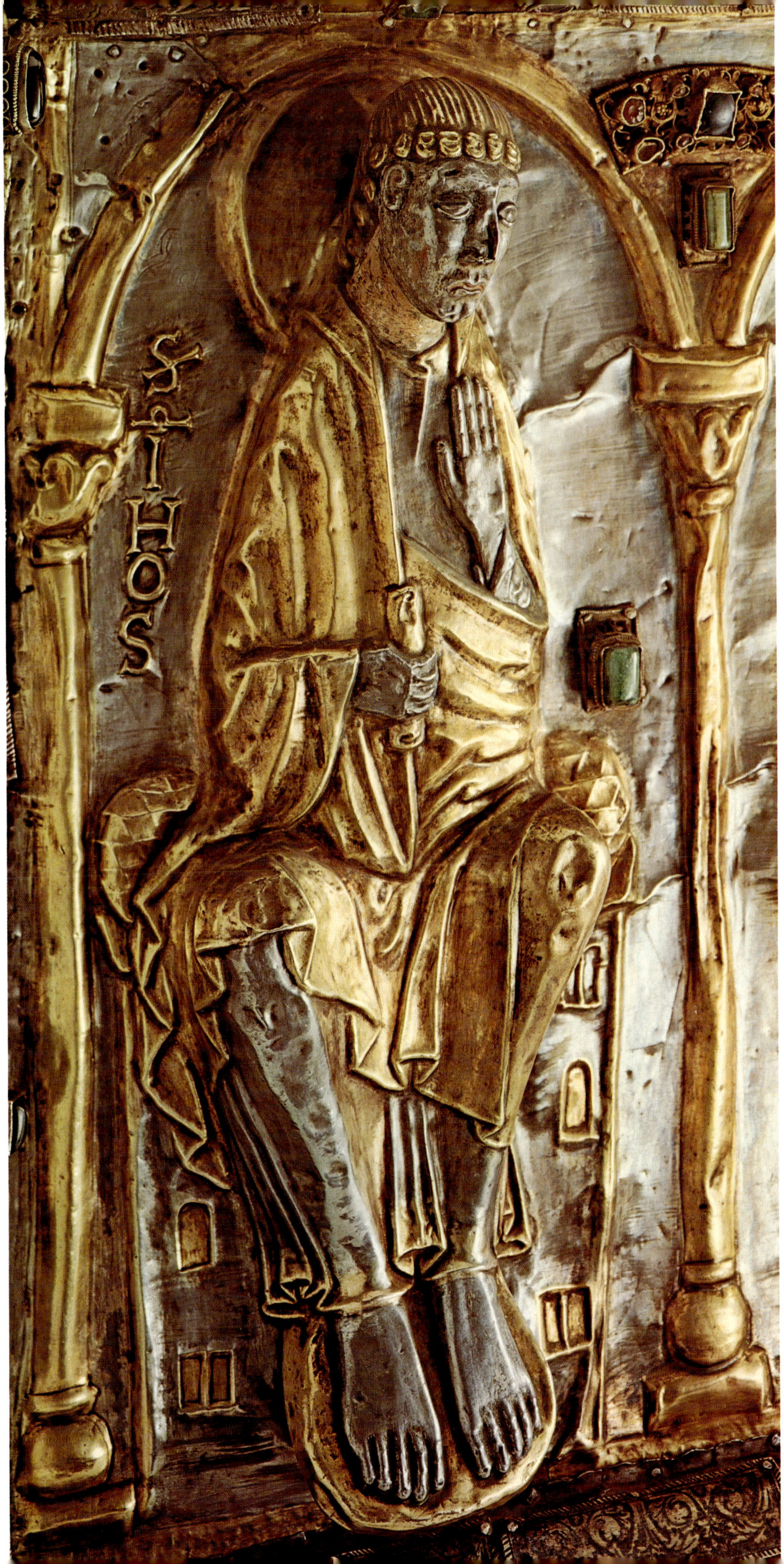
IHOS

LES GRANDES PIÈCES D'ORFÈVRERIE DES XIIe ET XIIIe SIÈCLES

Christ en majesté. Détail du petit côté de la châsse de saint Maurice

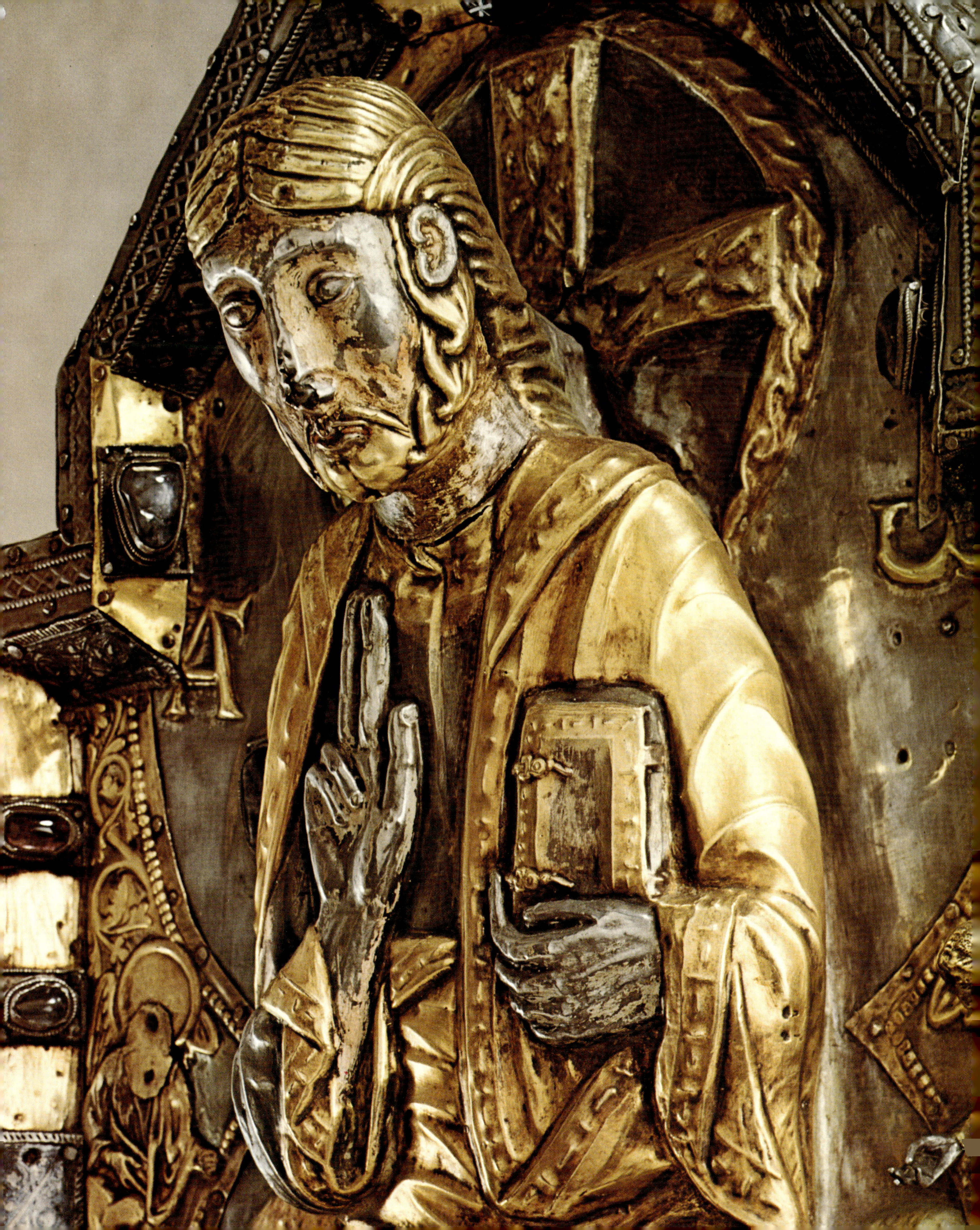

84

CHÂSSE DE SAINT MAURICE

Cette châsse, la plus grande du trésor, est en tous points remarquable même si l'on constate d'emblée qu'elle est composée d'éléments de provenances diverses et même si des réparations grossières sont venues alourdir quelques parties secondaires. C'est peut-être même cette disparité qui fait son attrait premier, les différents éléments d'emprunt qui la composent étant d'ailleurs d'une qualité rare et souvent beaucoup plus proche de la sculpture monumentale que de l'orfèvrerie. De plus, du détail, comme de l'ensemble, se dégage une impression de sécurité et une émotion, que viennent souligner les qualités extrêmes de la plastique.

Elle est exécutée en argent repoussé naturel ou doré, et ornée de pierres fines montées sur des plaques d'argent ou de cuivre doré dont les chatons sont accompagnés d'ornements en filigrane. Ces pièces, d'un style tout autre que celui de la châsse sur laquelle elles ont été grossièrement clouées, proviennent d'autres reliquaires. Par places aussi, on a substitué aux motifs d'ornements repoussés des bandes d'argent étroites, courtes et décorées de dessins niellés, tous différents les uns des autres. Il est évident que la châsse de saint Maurice a été plus d'une fois non seulement remaniée, mais qu'elle est en fait composée d'éléments différents, les uns provenant d'un retable de la seconde moitié du XIIe siècle, les autres de reliquaires démontés.

Saint Pierre. Détail de la châsse de saint Maurice

86

Premier grand côté. Cette face représente un portique à quatre arcades, dont les arcs en plein cintre retombent sur des colonnes lisses à bases et à chapiteaux frustes. Sous chacune des arcades sont assis, de gauche à droite, les apôtres saint Jean, saint André, saint Jacques et saint Philippe, dont les noms sont inscrits, en relief, verticalement, à gauche pour trois des figures, à droite pour saint Jacques. Les visages, les mains et les pieds portent des traces de peinture. L'archivolte, les sièges des apôtres, les consoles sur lesquelles reposent leurs pieds, les nimbes, les chevelures, les barbes, ainsi que les livres ou les rouleaux que chacun des personnages tient à la main sont dorés; les vêtements de dessous et les fonds sont d'argent. Au-dessus de la tête de chaque apôtre, dans la frise, on a placé deux pierres serties sur une plaque filigranée; d'autres pierres sont fixées entre les retombées des arcades et à côté des figures. Ces pierres sont des onyx, des malachites, des grenats, des améthystes, des cornalines, des cristaux de roche, etc.; parmi ces pierres on distingue une intaille. Le soubassement de cette façade a été renforcé par des plaques niellées.

La qualité plastique de cette composition est remarquable et l'artiste, l'imagier plutôt que l'orfèvre qui l'a conçue pour cette châsse ou plus probablement pour le tabernacle dans lequel on l'a découpé, a su rompre la régularité et la symétrie par des détails insignifiants mais en fait capitaux. Chaque apôtre est assis dans la même position frontale, mais les genoux ont tous un écart différent, les plis des vêtements sont variés; les mains ont des attitudes diverses et les têtes, travaillées en ronde bosse et posées sur des épaules étroites ont une inclinaison qui change pour chaque personnage dont le regard se perd, comme illuminé, dans des directions différentes.

Deuxième grand côté. Sous un portique à quatre arcades, du même style que celui de l'autre face, nous voyons quatre figures, dont celles des extrémités sont debout, et celles du milieu assises. Les figures debout sont celles d'un séraphin et d'un chérubin vêtus de longues robes et enveloppés de trois paires d'ailes dont les bords

Saint Jean, saint Pierre, saint Jacques, saint Philippe, la Vierge

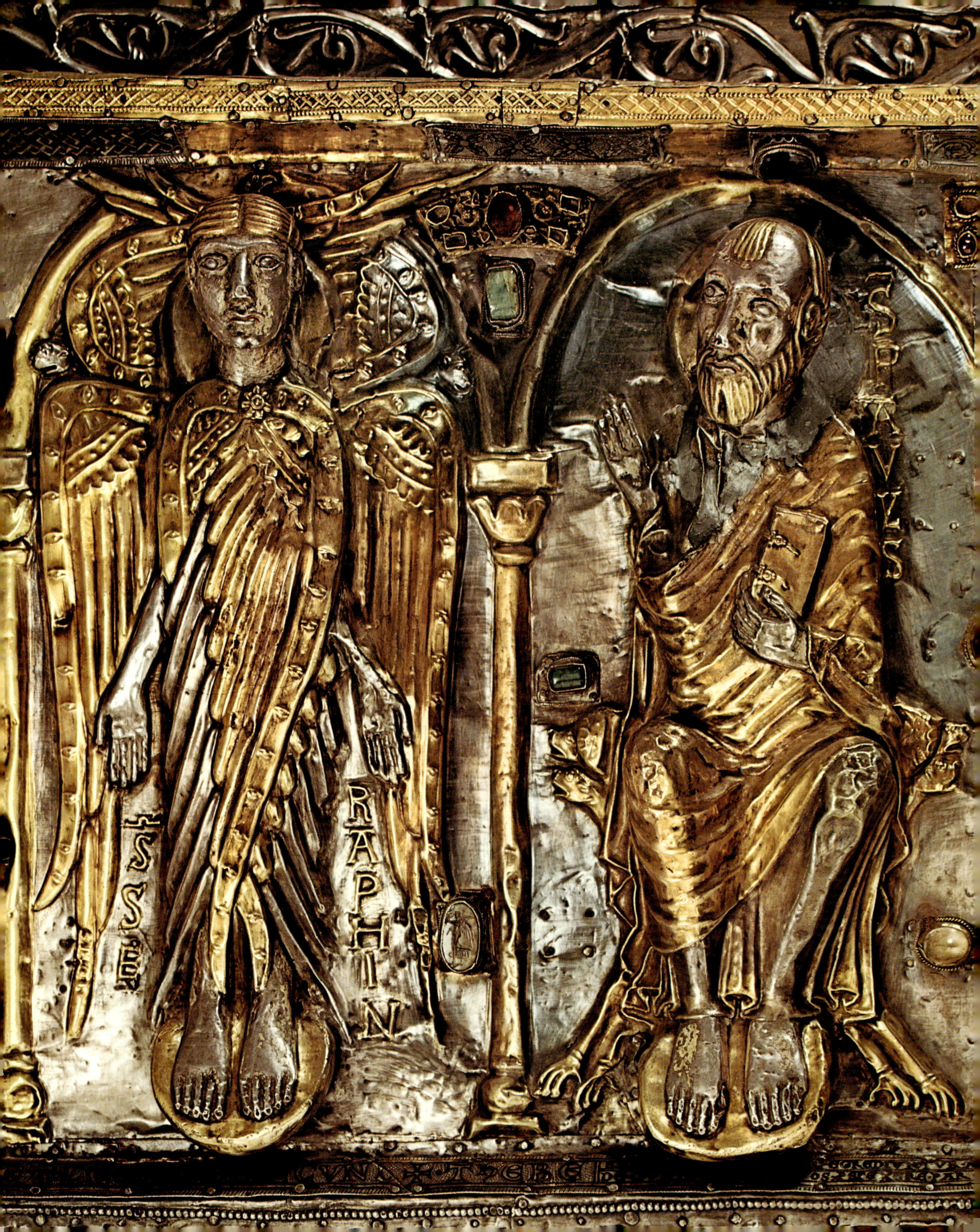
RAPHIN

S PETRVS

CHERVBIN

p. 88-89. Grand côté de la châsse de saint Maurice. Séraphin, saint Paul, saint Pierre, chérubin sont semés d'yeux ouverts; l'ange, l'aigle, le bœuf et le lion, dont on voit surgir les têtes derrière le bord des ailes qui se développent au-dessus des épaules des personnages, symbolisent les quatre évangélistes. Les figures assises sont celles de saint Paul à gauche et de saint Pierre à droite. Les cheveux, les barbes, les manteaux des saints ainsi que les ailes du séraphin et du chérubin, sont dorés.

Au bas du portique, sur le bandeau de soubassement, on lit de gauche à droite ces trois inscriptions:

THEBEA LEGIO.S.SECVND.+THEBE

Sanctorvm tvrbe sic egredivntvr ab vrbe
De mvris flentes aspexere parentes

SANCTVS.MAURICIVS

Ces inscriptions, tracées en grands caractères, sont évidemment tronquées et rapportées là tout à fait au hasard lors d'une réparation; elles sont gravées sur des plaques d'argent niellé de dimensions égales à celles des plaques d'ornement; c'est le même travail et le même style.

Si cette face n'a pas l'intensité et l'unité du premier côté, les qualités plastiques sont toujours les mêmes et, sans aucun doute, l'ensemble est de la même main et de la même inspiration.

Premier petit côté. Une grande figure de la Vierge occupe toute la hauteur de cette face latérale; ses pieds reposent sur le soubassement et sa tête dépasse la partie supérieure du cadre intérieur. Il est évident que cette œuvre n'a pas été conçue pour cette châsse mais pour un ensemble de beaucoup plus grandes dimensions. Ceci est d'ailleurs confirmé par le fait que cette figure a été découpée pour être grossièrement rivetée sur le fond d'argent uni de cette face.

La Vierge est assise de face dans une composition symétrique rompue par la position du genou droit et par celle des bras. Le bras droit est replié sur la poitrine et la main tient une pomme d'or, le gauche est tendu en avant

Vierge assise du petit côté de la châsse de saint Maurice

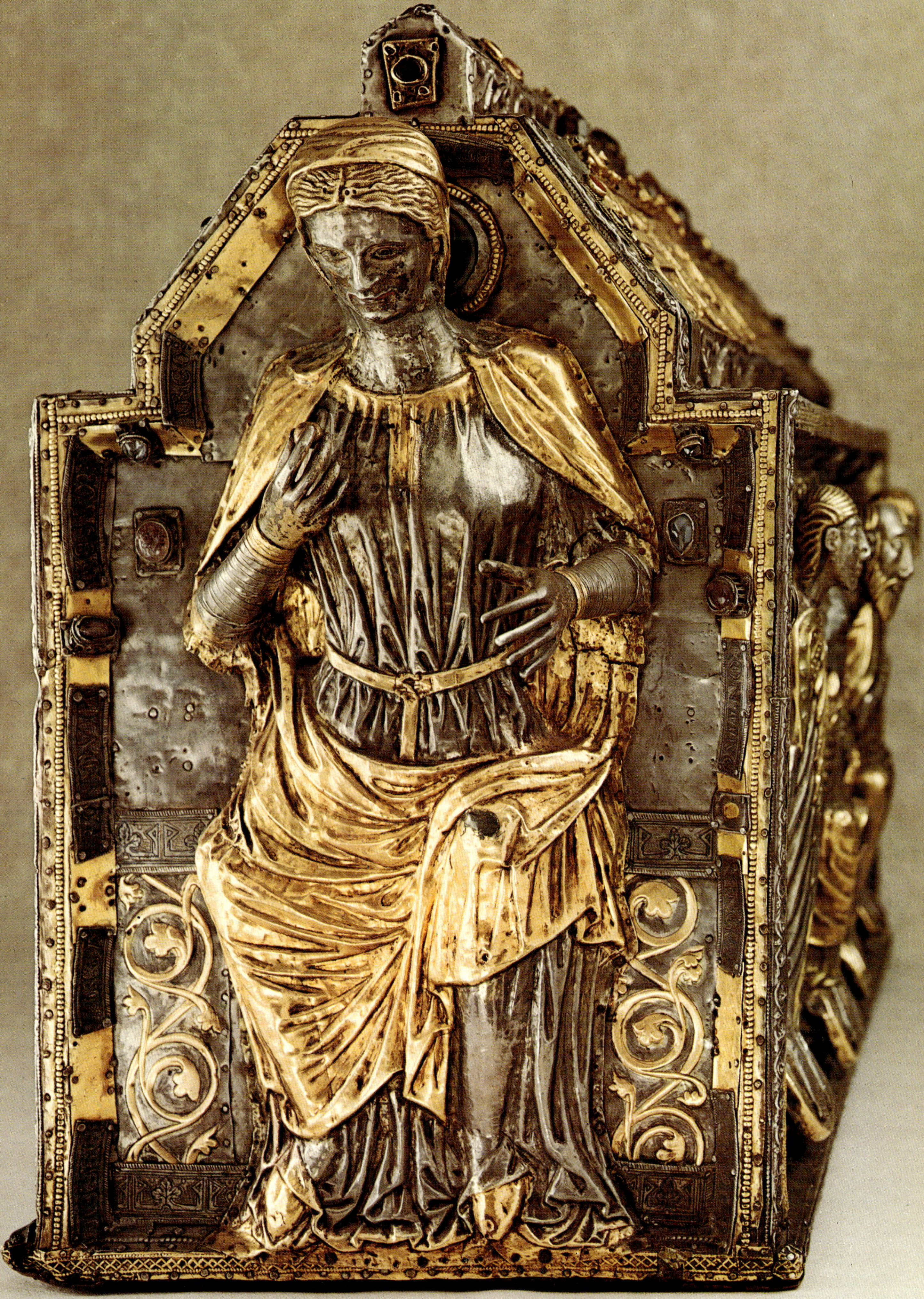

Le péché originel

Adam et Eve chassés du Paradis

Christ en Majesté. Détail du petit côté de la châsse de saint Maurice

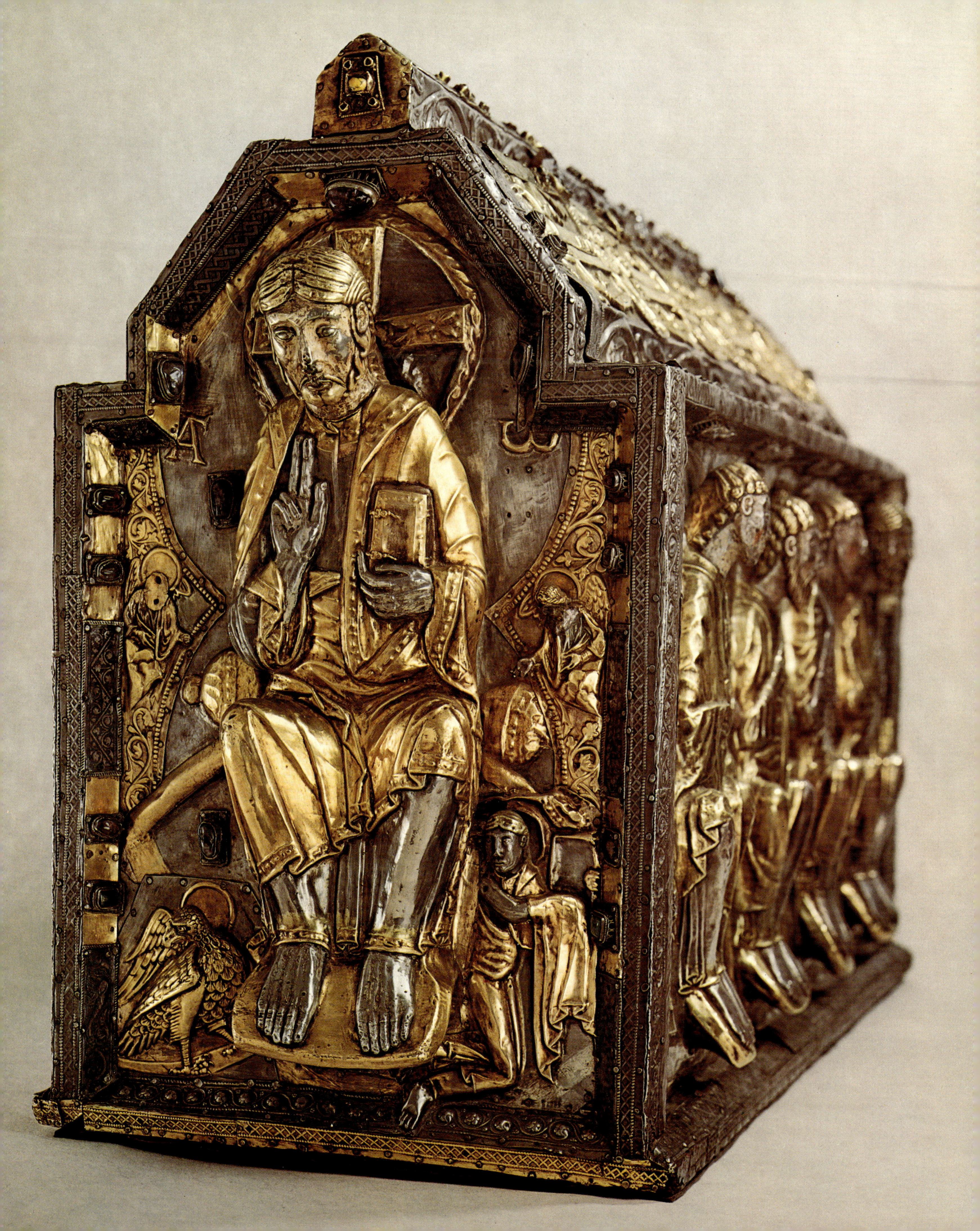

et devait tenir l'Enfant, aujourd'hui disparu, auquel la Vierge devait présenter un objet qu'elle tenait entre le pouce et l'index.

Nous ne retrouvons pas dans cette figure la plénitude de celles des grands côtés et ceci est encore souligné par l'étroitesse du cadre qui ne la met pas en valeur mais qui, au contraire, l'écrase. Il est certain qu'à son emplacement d'origine cette Vierge avait toute la place nécessaire à son ampleur et à sa position dominante que nous indiquent sa tête penchée et l'ensemble de son attitude. Divinité plus que mère, elle frappe par sa haute stature, par ses larges épaules, par la richesse des plis de ses vêtements, par le mouvement de sa main gauche qui semble vouloir accueillir l'être qui s'approche.

La rupture de la symétrie totale, par le genou droit, par le jeu des plis du vêtement, la solidité et le réalisme du corps, tout nous éloigne dans le temps des figures plus maladroites mais plus sensibles des grands côté et nous indique clairement une création du premier gothique.

Autour de la figure, au-dedans de la moulure qui forme l'encadrement de ce petit côté, on a cloué des bandes d'argent niellé portant l'inscription suivante:

IESSE VIRGA FRO NDVIT IHESUM V IRGO GENVIT GREMI O CON TINVIT CONTINE NTEM OMNIA

Les lettres sont du même style et de la même époque que celles de l'inscription placée sur le soubassement de la seconde grande face.

Le visage, le cou et les mains de la Vierge portent des traces de peinture; la chevelure, le voile, le manteau, la chaussure et la ceinture sont dorés; la robe est d'argent. La figure est exécutée au repoussé, en haut-relief. Deux fragments de bandes d'argent niellés sont fixées horizontalement à la hauteur du siège, et deux autres fragments de bandes d'argent ornées de rinceaux repoussés et dorés sont fixés de chaque côté verticalement, de manière à figurer grossièrement le trône.

Ce petit côté était orné de treize pierres fines montées comme toutes les autres; deux gros chatons sont vides aujourd'hui. Derrière la tête, qui se détache en ronde bosse, l'artiste a enchâssé dans le fond une agate ovale en forme de nimbe.

Deuxième petit côté. Dans la figure du Christ de cette face nous retrouvons le style un peu lourd mais séduisant des grands côtés, et il est à peu près certain que nous sommes en présence ici de trois éléments importants d'un grand retable.

Le Christ est assis de face, la tête est penchée en avant; la main droite est levée dans le geste de la bénédiction, la gauche tient le livre. La gloire qui entoure le Christ a été rapportée, mais elle appartenait peut-être à la composition d'origine; elle est composée de deux cercles imbriqués. Au centre du cercle supérieur, un nimbe crucifère travaillé au repoussé encadre la tête qui se détache en ronde-bosse; à la hauteur des épaules du Christ l'alpha et l'oméga sont en partie cachés par le bandeau en relief du toit.

La majesté de ce Christ est saisissante et l'on peut fort bien l'imaginer trônant au milieu des apôtres, au centre du retable du maître-autel de la basilique; sa position dominante est soulignée par l'inclinaison de la tête et prouve incontestablement qu'il avait été conçu pour être vu de bas en haut.

Quatre figures viennent compléter la composition de cette face: elles ont été rapportées et grossièrement clouées de part et d'autre de la figure du Christ, à l'emplacement habituel des symboles des évangélistes. Les deux premières, à la hauteur des coudes, sont prises dans l'écoinçon de la fausse mandorle; ce sont deux anges penchés en avant, le visage et les mains tendus vers le bas; ils auraient pu appartenir à une Ascension. Dans l'angle inférieur gauche un aigle gravé et traité en assez fort relief est le seul symbole évangélique. A droite en bas, enfin, le petit personnage agenouillé est le seul à appartenir à la même pièce d'origine que la figure du Christ.

Toit. Le profil du toit de cette châsse se compose d'une partie étroite inclinée, d'un rentrant à angle droit, d'une large partie inclinée, et d'un second rentrant à angle droit, dont le bandeau perpendiculaire vient s'ajuster sur la corniche de la façade carrée.

Les parties perpendiculaires des rentrants sont décorées de rinceaux d'un dessin à la fois élégant et vigoureux, exécuté au repoussé et non dorés. La grande partie inclinée contient trois médaillons qui, tout en étant entourés et rattachés l'un à l'autre par un ruban plat et double, sont néanmoins séparés par un rinceau de feuillage en forme d'X. Le premier de ces médaillons représente Adam et Eve après la faute; autour du sujet, sur le ruban, se lit cette inscription:

PANDITVR HIS CRIMEN PATRIE PERDVNT CITO LIMEN

Le second médaillon représente l'ange armé de l'épée et chassant Adam et Eve du paradis; l'inscription qui accompagne cette composition est la suivante:

HISTIS SVSPENSIS OPPONITVR IGNEVS ENSIS

Sur le troisième médaillon on voit Adam occupé à fendre une souche de bois; l'inscription explique le châtiment qu'il subit:

ECCE MISER PLORAT PRO VICTV SEPE LABORAT

Les personnages, les rinceaux, les rubans et les inscriptions sont exécutés au repoussé et dorés sur fond d'argent poli. Des pierres fines ainsi que des plaques niellées ont été placées avec un certaine symétrie sur cette

Face postérieure de la châsse de saint Maurice

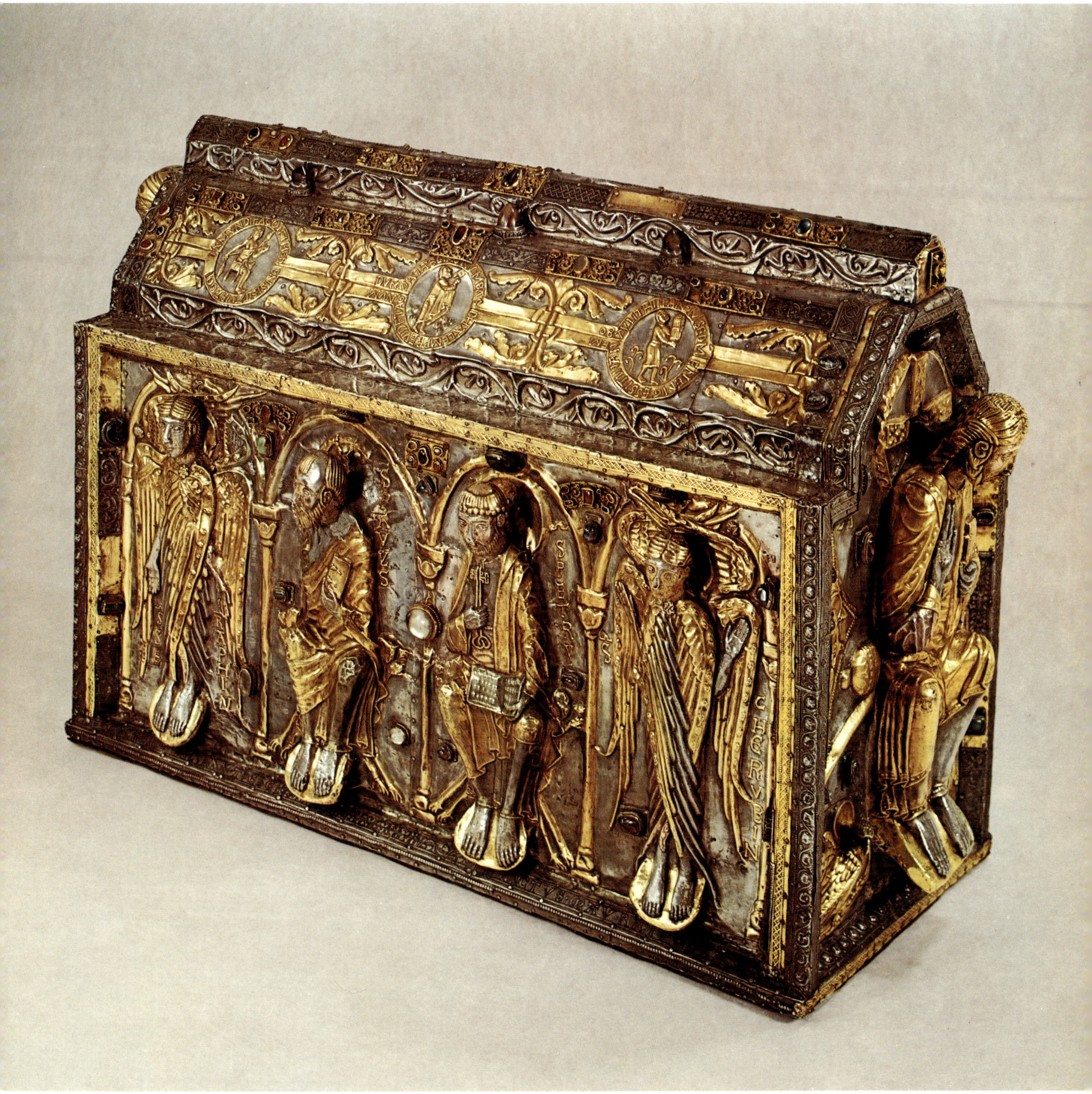

partie de la châsse. Le nombre des pierres fines fixées sur cette face était de cent cinq, en y comprenant quelques chatons vides aujourd'hui.

Sur l'autre face du toit, dans la même disposition générale les trois médaillons contiennent les scènes suivantes:

Eve filant sa quenouille:

IN MVNDI PAGO NET MERENS ISTA VIRAGO

Abel offrant l'agneau, une main bénissante sort du ciel; les fleurs s'ouvrent pour recevoir la bénédiction:

DVM DAT ABEL AGNVM PASCHALEM PREVIDET AGNVM

Caïn portant une gerbe:

OBTVLIT HIC PANEM SED MENTEM GESSIT INANEM

Les personnages, les rinceaux, les rubans et les inscriptions sont dorés comme sur l'autre face. Les rinceaux qui courent sur les parties perpendiculaires des rentrants sont en argent naturel, et tous les fonds en argent poli. Les pierres fines sont au nombre de quatre-vingt quatorze pour cette face.

Malgré leurs différences d'exécution toutes les parties de cette châsse, à l'exception de la Vierge qui est plus récente, doivent appartenir au troisième quart du XIIe siècle. Ils furent réunis en une seule châsse, d'une manière peu soignée, au début du XIIIe siècle et très probablement dans les ateliers de l'abbaye.

Abel offrant l'agneau

Chef-reliquaire de saint Candide

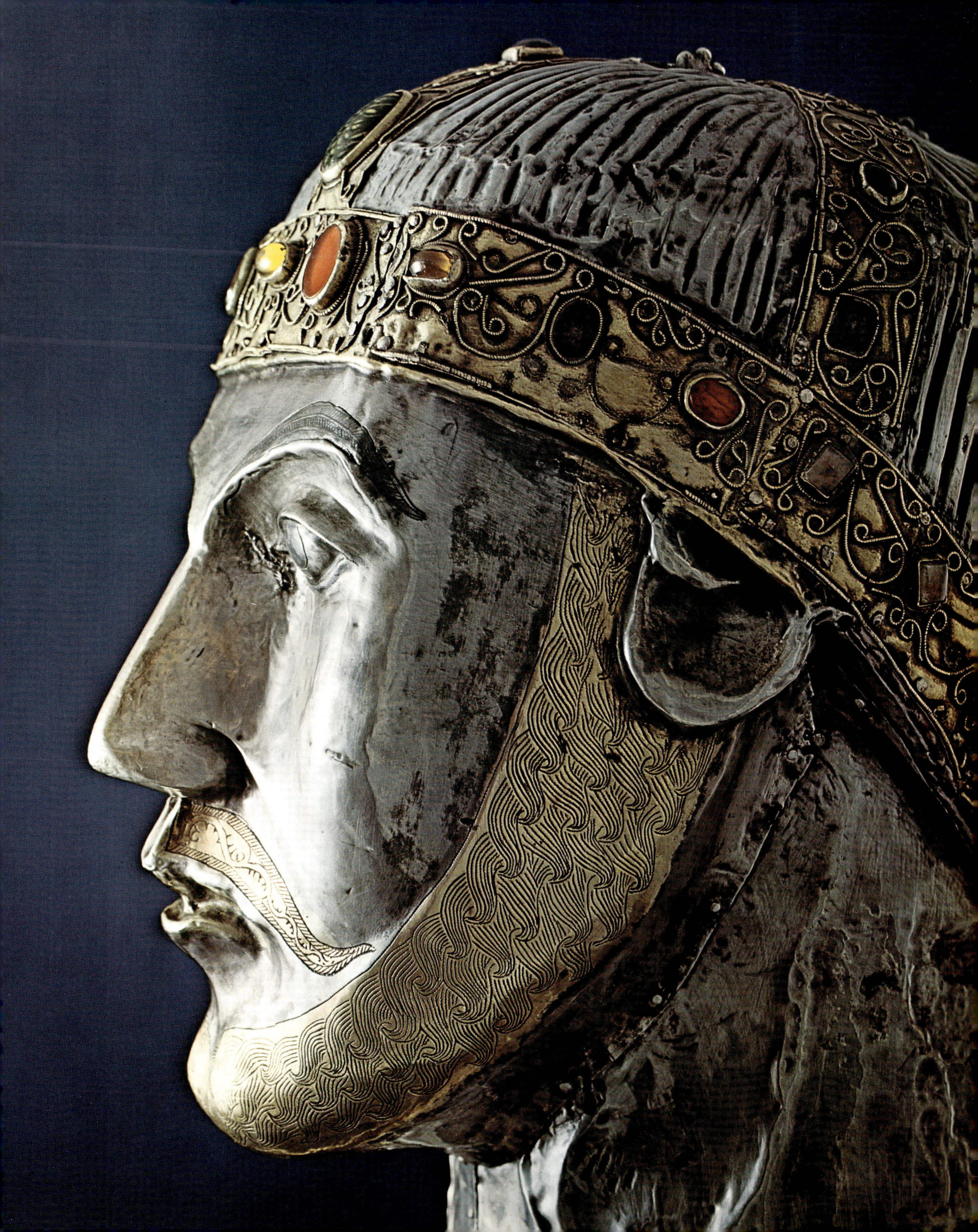

CHEF-RELIQUAIRE DE SAINT CANDIDE

Cette extraordinaire pièce, œuvre d'un imagier-orfèvre, découle du type des chefs-reliquaires du sud-est de la France, qui précèdent chronologiquement les bustes-reliquaires, très largement répandus à travers toute la chrétienté, pendant de nombreux siècles. Le saint Candide de Saint-Maurice se distingue des autres œuvres de ce type par la base à arcades qui lui sert de socle alors qu'en général l'orfèvre se contentait de fixer la tête sur une petite base formant poitrail.

Lorsqu'en 1961 on démonta ce chef pour le restaurer et pour lui remodeler le nez, on eut la surprise de constater que les feuilles d'argent n'étaient pas fixées sur une âme de bois donnant la forme grossière de la tête mais sur une véritable sculpture, dont tous les détails étaient traités et qui, de plus, avait été taillée dans un seul bloc de bois pour la tête et le socle à arcades.

Dans une intéressante étude sur le chef-reliquaire de saint Maurice, qui appartenait à la cathédrale de Vienne, en France, et qui a disparu au XVIIe siècle, Eva Kovàcs fait d'importantes et d'utiles comparaisons avec quelques autres chefs-reliquaires. Celui de Vienne, connu par des dessins et par des descriptions, datait de la seconde moitié du IXe siècle; il fut probablement le premier du type et l'auteur suppose même qu'il a pu servir de modèle lointain au chef-d'œuvre de l'abbaye de Saint-Maurice.

L'auteur, rappelant les liaisons étroites entre Vienne et Saint-Maurice, estime que la ressemblance entre les deux reliquaires a dû être très grande ce qui expliquerait entre autre, malgré le grand écart chronologique: «...un certain trait antiquisant, si caractéristique du chef de saint Candide, comme cette fusion de la majesté hiératique et de la mélancolie cachée dans les traits... La barbe, la moustache et les sourcils de saint Candide sont stylisés d'une manière archaïsante, tel un ornement.»

Eva Kovàcs compare encore le chef-reliquaire de Vienne à celui, fragmentaire, de saint Maurice provenant de Rheinau et appartenant au Musée national suisse.

Cette «sculpture d'argent» est en tous points remarquable et l'on ne saurait rester indifférent face à ce visage à la fois vigoureux et rêveur, distant et pourtant si humain, étonnant par le réalisme de ses formes et la stylisation de ses détails. Son approche reste déconcertante lorsque l'on voit le masque de métal que l'on détachât de la tête il y a quelques années et qui fait penser à une œuvre antique, recueillie dans un trésor royal, ou que l'on regarde la sculpture de bois, l'âme de l'œuvre, aux traits égyptiens ou encore lorsque l'on contemple une face puis l'autre, chacune d'elles changeant sous l'éclairage.

Mais il s'agit bien d'une œuvre d'une seule venue, unique en son genre, malgré la filiation que l'on sait et malgré la comparaison que l'on peut faire, totale et unitaire dans la conception de la forme et du dessin, de l'ornement et de la gravure. Ce n'est que peu à peu que l'on découvre dans ce portrait fascinant que les sourcils niellés noir sont d'un dessin arbitraire, que la barbe est faite de petites boucles schématiques, cernées de deux traits gravés et qu'un rinceau orne la moustache dorée. Le casque lui-même avec son bandeau circulaire et ses décors en croix fait partie de la tête, comme une chevelure habilement travaillée ceinte d'un diadème d'or, de pierreries et d'ornements, comme on en portait sous Charlemagne, ou comme une calotte de prélat.

Un seul détail, mais d'importance, semble ne pas faire partie intégrante de l'œuvre et ne pas avoir été exécuté par le même artiste: la plaque frontale du socle, touchante dans une certaine naïveté de conception et d'exécution, est une rupture dans l'œuvre, mais en même temps une mise en valeur peut-être voulue de la tête ainsi séparée du support anecdotique.

Chef-reliquaire de saint Candide. Sculpture sur bois sur laquelle sont fixées les feuilles d'argent

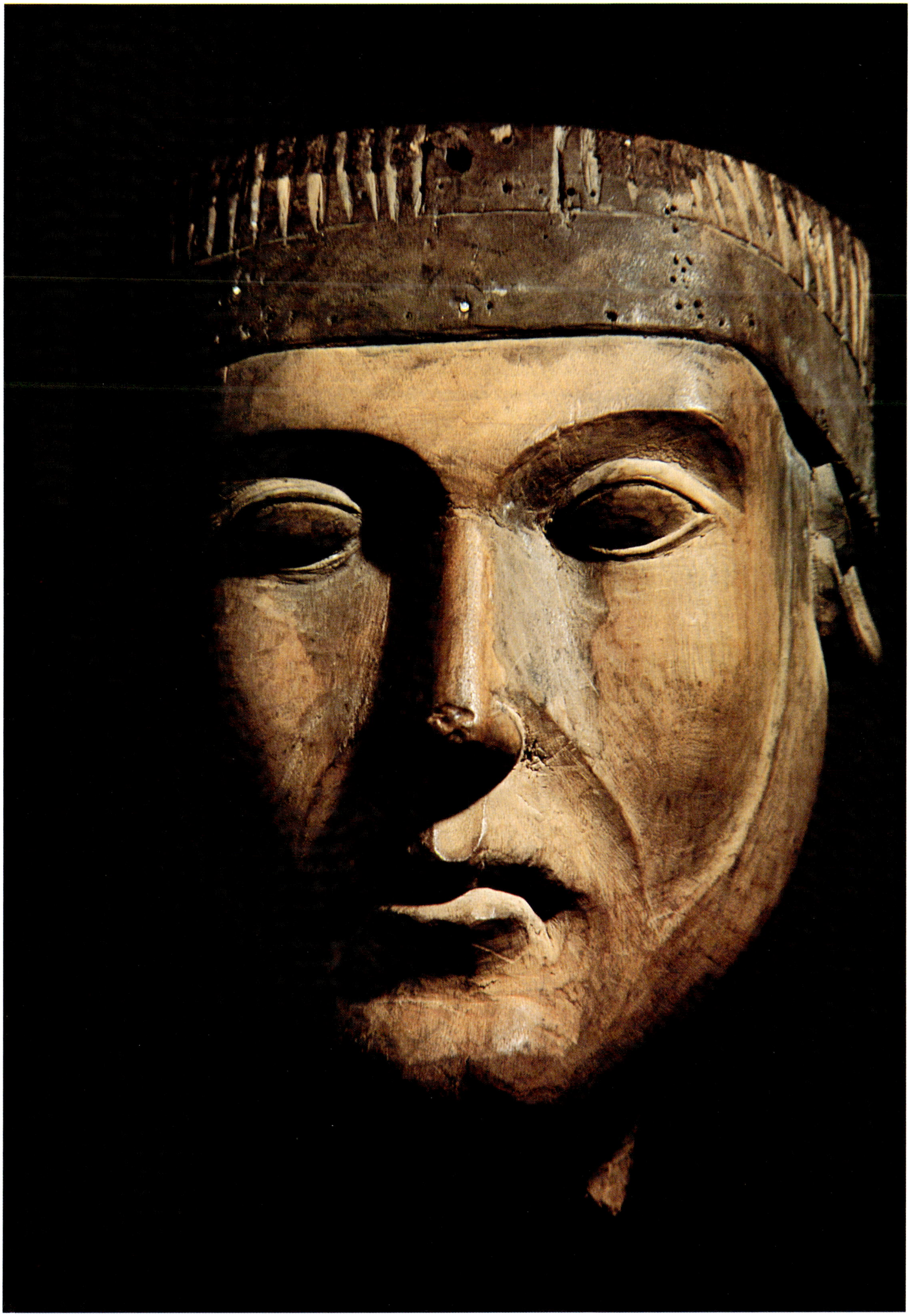

Ce bas-relief en argent repoussé fixé sur le bois représente le martyre de saint Candide. Un bourreau militaire, vêtu de la longue cotte de mailles, se tient à droite de la composition; il vient de trancher la tête du saint. Derrière lui un autre guerrier brandit son épée, prêt à intervenir. A gauche le corps du saint s'effondre tandis que sa tête tombe à terre. Derrière lui, debout, un personnage, compagnon de saint Candide, les mains jointes, attend d'être exécuté. Au haut de la composition un ange recueille l'âme du mort alors qu'en bas l'inscription suivante situe la scène.

CA(n)DID(us) / EXE(m)PTO / DVM SIC / MVCR / ONE LI / TATVR / SP(iritus) ASTRA PETIT / PRO NECE VITA DATVR

soit: «Tandis que par le glaive Candide est ainsi sacrifié, son esprit gagne les astres: en échange de la mort la vie lui est donnée.»

Comme beaucoup de pièces d'orfèvrerie et comme un certain nombre d'objets et de reliquaires du trésor de Saint-Maurice, ce chef-reliquaire a été daté de manières fort différentes au cours des temps; une tradition l'attribuait au IXe siècle, ce qui le ferait contemporain du saint Maurice de Vienne, alors que certains lui cherchaient des comparaisons au XIIIe siècle.

R. Schnyder, qui l'a étudié avec une minutie extrême, le date avec précision vers 1165 et suppose qu'il pourrait s'agir d'un portrait posthume d'Amédée III de Savoie, l'un des bienfaiteurs de l'abbaye. Si l'hypothèse du portrait, fort plausible, ne peut être prouvée, la date proposée semble être très possible: le mélange de réalisme et de stylisation, de sculpture et de gravure, de grandeur et d'esprit narratif situe bien ce chef-d'œuvre au milieu du XIIe siècle.

Reste le problème de l'atelier; d'emblée on peut affirmer que le chef-reliquaire de saint Candide est une des œuvres du trésor qui donne le plus d'arguments à l'hypothèse de l'existence d'un atelier d'orfèvrerie installé à l'ab-

Chef-reliquaire de saint Candide. Masque avant la restauration de 1961

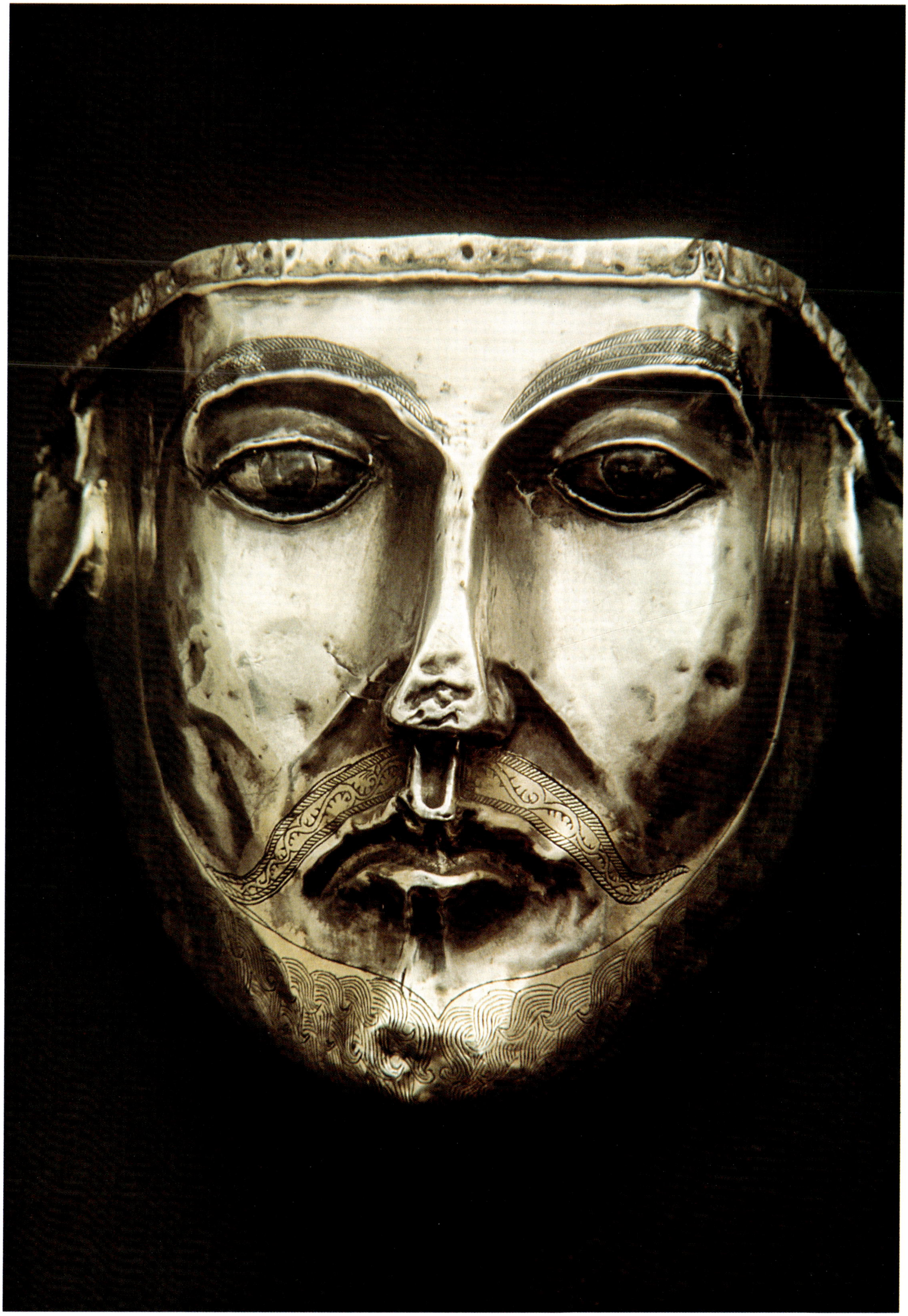

baye, tant par son caractère très marqué et peu comparable que par les reliques elle-mêmes. J.-M. Theurillat le souligne: les reliques, qui comprenaient une boîte crânienne et une cinquantaine de fragments accompagnés d'authentiques sur parchemin ou sur papyrus, furent enfermées dans la tête de bois évidée, avant qu'elle ne soit recouverte des plaques d'argent. Il est donc fort possible que l'on dut exécuter sur place le reliquaire, car il est peu probable que l'on ait confié à un atelier étranger des témoins si précieux pour l'abbaye et son rayonnement.

Chef-reliquaire de saint Candide

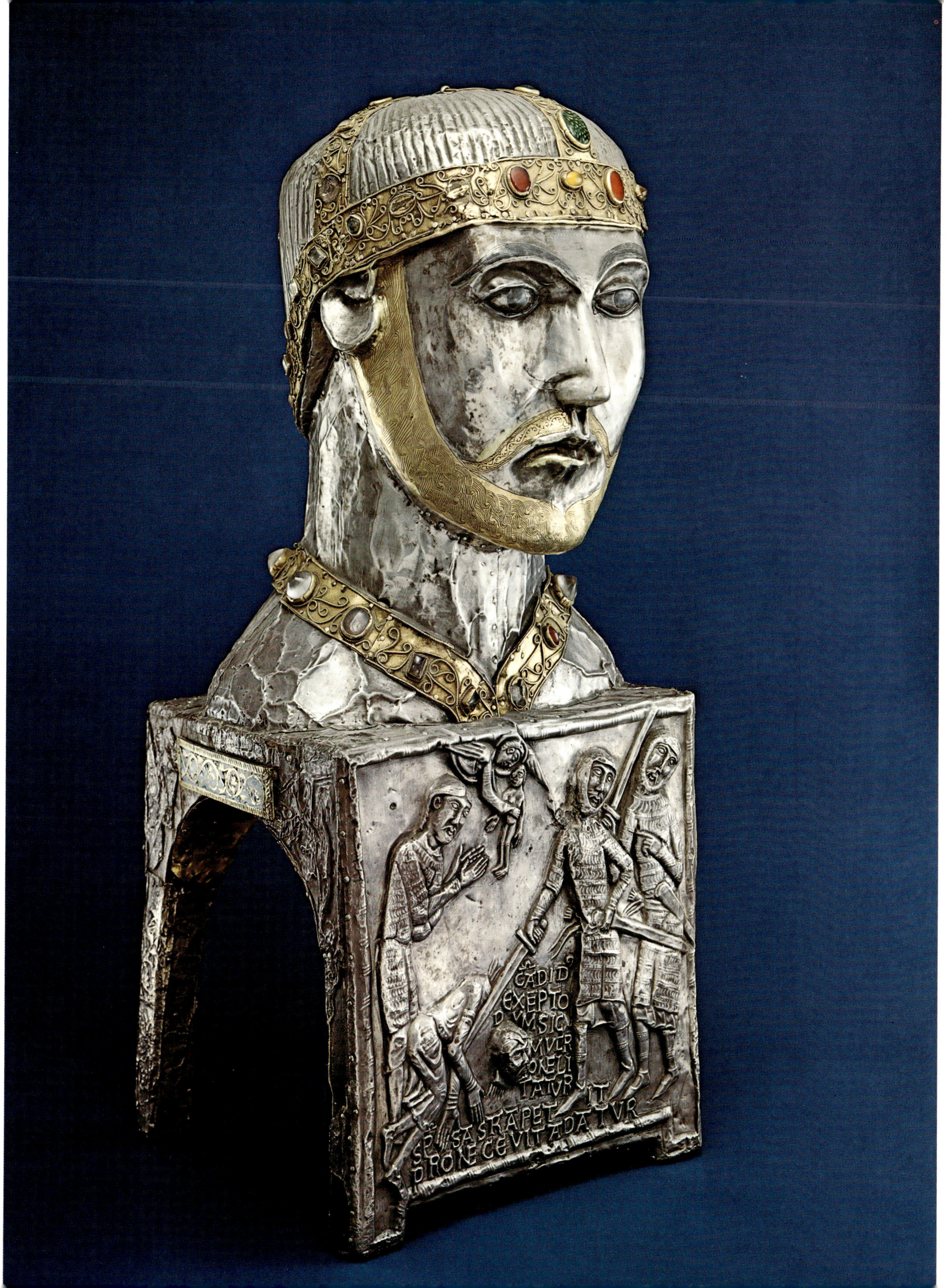
CADID
EXEPTO
DVMSIC
TATVR
SASRAPET
DATVR

Martyre de saint Candide. Détail du socle du chef-reliquaire

CADID
EXEPTO
DUM SIC
MVER
ONELI
IATVR
SPOSA SRAPETIT
DONEC EVITA DATVR

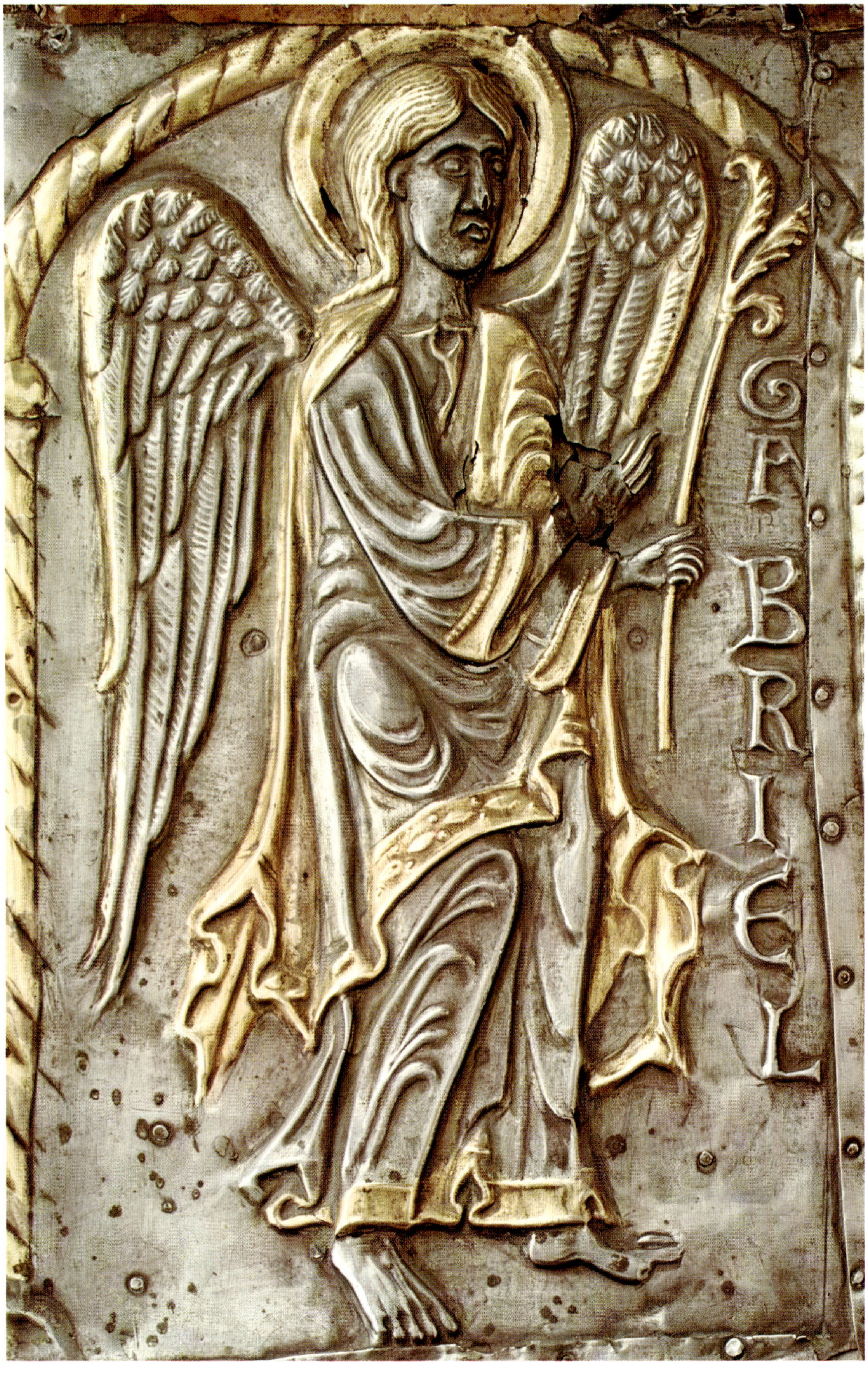
GABRIEL

CHÂSSE DES ENFANTS DE SAINT SIGISMOND

Cette châsse, qui contient les reliques des deux fils du roi Sigismond, Giscald et Gundebald, est composée de plaques d'argent repoussé et martelé, rivées sur un coffre de bois. Sur le soubassement de l'un des deux côtés, les feuilles d'argent ont été remplacées par des plaques de cuivre doré, décorées d'émaux champlevés, au cours de la restauration du XIIIe siècle ou peut-être plus tard.

Côté principal. Cette face, composée de trois plaques d'argent, représente un portique composé de sept arcades, dont les arcs en plein cintre sont soutenus par des colonnes torses à bases et à chapiteaux très frustes. Les archivoltes sont toutes composées d'éléments variés: tores en spirale, analogues au fût des colonnes, ou réunion de moulures simples. Les colonnes et les archivoltes sont dorées, alors que le fond est d'argent.

Sous chacune des arcades est assis un apôtre dont le nom est inscrit sur la frise de la corniche régnant au-dessus du portique, frise qui vient mordre sur les archivoltes.

S.IOHS S.TOMAS S.PETRVS S.ANDREAS
S.PAVLVS S.JACOBVS S.PHILPVS

L'Archange Gabriel. Détail du toit de la châsse des enfants de saint Sigismond

Saint Pierre tient les clés de la main gauche tandis que sa droite est posée sur sa poitrine. Saint André tient une croix dans la main droite et un livre dans la main gauche. Saint Jacques tient un livre dans la main gauche et de la droite présente une fleur. Les quatre autres apôtres portent chacun un livre ou un rouleau.

Les chevelures, les barbes, les manteaux, les sièges et les marchepieds sont dorés; les visages, les mains, les pieds et les robes sont d'argent; il n'existe aucune trace de peinture sur les parties représentant les chairs. Le soubassement et les colonnes engagées placées aux quatre angles de la châsse, pour en soutenir le toit, sont ornés de rinceaux, de feuillages et d'arabesques d'un dessin à la fois élégant et ferme. Un nimbe entoure la tête de chaque apôtre et ces nimbes, tous dorés, sont ou simples ou marqués d'un grènetis. Les fonds sont d'argent.

Deuxième côté. Cette face, composée de trois plaques d'argent, a été remaniée d'une façon assez malhabile puisque le rythme des arcades a été rompu par deux fois, répartissant les figures des apôtres en trois groupes de deux, séparés par les ruptures des plaques d'argent, et surtout des arcades, dont une est rompue au départ de l'archivolte. De plus, deux inscriptions seulement sont lisibles à droite: S.IACOPVS et S.DATDEVS. La frise qui domine cette face et borde le toit est très abîmée; le soubassement a été entièrement et grossièrement réparé par de courts bandeaux de cuivre émaillé.

Les six apôtres tiennent le livre de la main gauche, sauf un qui le tient de la main droite; quatre d'entre eux ne sont pas authentifiés.

Premier petit côté. Le roi Sigismond, authentifié par une inscription placée au-dessus de lui, est assis sur un trône en forme de chaise curule, et désigne de la droite un groupe de quatre personnages s'avançant vers lui; le premier tient dans la main droite une épée, la pointe en l'air; il cache en partie le second personnage alors que des deux autres on ne voit que le sommet de la tête. Quel est le sujet de cette scène? Est-ce Sigismond au moment où il vient d'être couronné, et où il reçoit l'épée après avoir déjà

Châsse des enfants de saint Sigismond

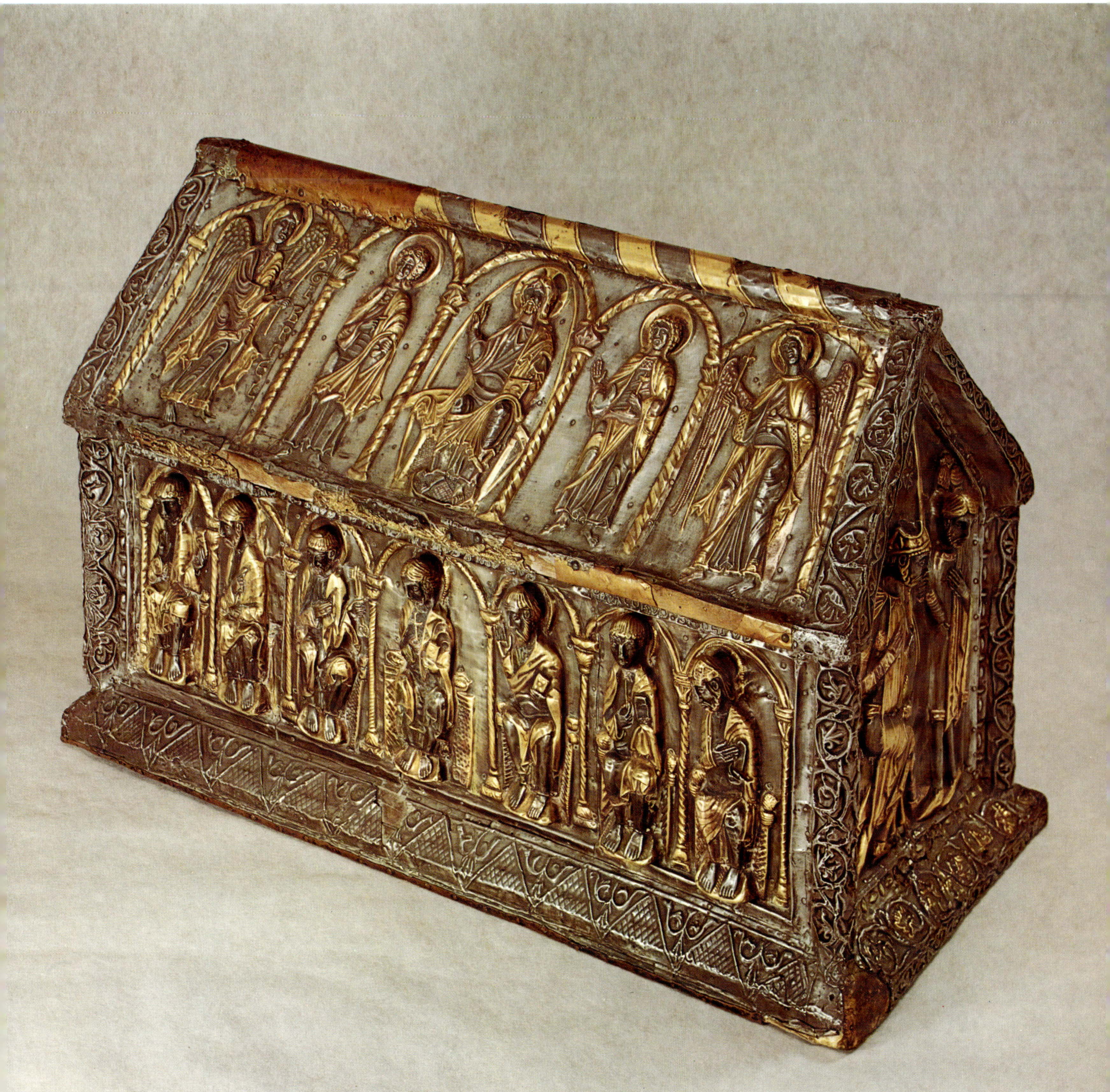

Saint Sigismond et quatre guerriers. Petit côté de la châsse des enfants de saint Sigismond

VNDVS

reçu le sceptre? Est-ce le roi agréant l'hommage des comtes de ses états dans l'Assemblée où il va décréter la fondation de l'abbaye d'Agaune? C'est probablement cette dernière scène que l'artiste a voulu représenter.

Le nimbe, la couronne, le manteau, le sceptre, le trône, les chaussures de Sigismond sont dorés; le visage, la barbe, les mains et la tunique sont d'argent. Les cheveux, les orfrois des manteaux, les chaussures et les épées des quatre autres personnages sont dorés; leurs visages, leurs manteaux, leurs tuniques, leurs mains et leurs jambes sont d'argent.

La plate-bande en saillie, qui suit l'inclinaison du toit et entoure la scène, est ornée d'un rinceau très élégant. A l'intérieur de cette plate-bande règne un cordon orné de grosses perles oblongues posées l'une horizontalement, l'autre perpendiculairement. Le soubassement est décoré de rinceaux fleuris, alternativement dorés et d'argent naturel.

Deuxième petit côté. Cette face contient une seule figure, celle de saint Maurice à cheval. Le saint et son cheval sont repoussés en relief, la tête est travaillée en ronde-bosse et se détache du fond. Saint Maurice, coiffé d'un casque conique posé sur une cotte de maille qui enveloppe la tête et couvre le corps tout entier, tient dans la main droite une lance au bout de laquelle flotte une petite bannière; un écu de forme très allongée, terminé en pointe, et orné d'une croix cantonnée de rinceaux, est suspendu au bras gauche et cache presque tout le corps. Le cheval n'a pas de caparaçon; il ne porte qu'un bandeau de poitrail auquel sont suspendus de petits croissants. L'inscription suivante est disposée de chaque côté de la tête:

MAVRI SCS
CIVS.

Le bandeau du casque, la bordure, la croix et les rinceaux du bouclier, les jambes et les pieds du saint, le pan de manteau et le fourreau d'épée que l'on voit dé-

Châsse des enfants de saint Sigismond

123

passer sous le ventre du cheval, la crinière et la queue de l'animal, la lance et la bannière, sont dorés; le reste de la figure est d'argent.

Les ornements qui décorent ce deuxième pignon, plates-bandes du toit, perles du cadre intérieur, colonnes d'angles et soubassement, sont les mêmes que sur le premier petit côté.

Toit. Sur cette châsse, le toit est un simple plan incliné terminé à son extrémité supérieure par un cylindre autour duquel s'enroulent en spirales alternées deux bandes de métal, l'une d'argent, l'autre d'argent doré. Cet ornement assez pauvre remplace les rinceaux de feuillages repoussés, dont les traces subsistent à l'une des extrémités du cylindre. La toiture est en outre bordée par une plate-bande ornée de rinceaux.

Sur le pan incliné, au-dessus du côté principal, est représenté un portique à cinq arcades, dont les arcs en plein cintre sont supportés par des colonnes torses à bases et à chapiteaux très simples. Les archivoltes sont composées d'un bourrelet unique et tordu. Colonnes et archivoltes sont alternativement et en spirales dorées et d'argent naturel.

Sous la première arcade, à gauche, on voit l'archange Gabriel, dont le nom est inscrit perpendiculairement sur le fond, à droite de la figure. Il tient de la main gauche une palme à trois branches.

Sous l'arcade suivante se tient une figure dans laquelle on a cru reconnaître saint Jean-Baptiste; sa chevelure un peu en désordre et son geste, qui semble désigner le Rédempteur, représenté sous l'arcade du milieu, laissent supposer que l'artiste avait voulu placer là le Précurseur.

Sous l'arcade du milieu, plus large que les autres, le Christ en Majesté, est représenté assis dans une mandorle, bénissant de la main droite et tenant le livre de la main gauche.

La quatrième arcade contient une figure debout, probablement celle d'un apôtre, qui tient une fleur trilobée de la main gauche.

Sous la dernière arcade se tient l'archange Raphaël, qui tient dans la main droite une longue tige surmontée d'une fleur de lis, et dans la main gauche un objet non identifié.

Tous les motifs d'ornement et toutes les figures qui décorent cette partie en plan incliné sont exécutés en un relief sensiblement plus faible que celui des figures des côtés de la châsse. Les manteaux, les cheveux, les barbes, les nimbes et les auréoles sont dorés.

Sur l'autre pan du toit nous trouvons également un portique à cinq arcades supportées par des colonnes torses. Les archivoltes des deux arcades extrêmes sont torses comme les colonnes; les trois autres archivoltes sont composées d'une double moulure à gorge. Archivoltes et colonnes sont dorées.

Sous la première arcade on voit saint Michel transperçant le dragon, qu'il foule aux pieds. L'archange est ailé et debout. Il pose la main gauche sur un long écu, et de la droite il tient la lance qu'il plonge dans la gueule du monstre.

Sous la seconde arcade se tient la Vierge; elle a la tête tournée vers son Fils et ses mains sont jointes.

Dans l'arcade du centre, beaucoup plus large que les autres, se dresse le Christ en croix. La croix est très large; elle est d'argent et bordée tout autour d'un grènetis doré. De chaque côté de la croix il y a deux grandes étoiles à huit pointes, transposition décorative, probablement, du soleil et de la lune.

Sous l'arcade suivante, à la gauche du Christ, la figure debout est celle de saint Jean l'Evangéliste; le bras droit est levé, la main gauche tient un livre, le visage est imberbe, et la tête est légèrement penchée vers le Christ.

La dernière arcade est occupée par la figure debout d'un ange ou d'un archange tenant de la main droite une tige terminée par une croix, et de la gauche un volumen à moitié déployé.

Les fonds, de ce côté comme de l'autre, sont d'argent poli, et les mêmes éléments des vêtements et des visages sont dorés.

Il est certain que cette châsse, comme celle de saint Maurice, a été remaniée. Il est par contre plus difficile de dire si les différents fragments qui la composent proviennent de plusieurs châsses ou si, au contraire, plusieurs moines orfèvres de l'atelier de l'abbaye ont participé à sa confection.

Plusieurs styles, en effet, peuvent être distingués. Le groupe des sept apôtres de la face principale est marqué par le mouvement et par la recherche de diversité dans les attitudes; les vêtements, sans être particulièrement élégants, ont une ampleur que l'on ne retrouve pas sur l'autre face; les têtes enfin, sont assez expressives bien qu'assez sobrement modelées en semi-ronde-bosse.

Du point de vue iconographique il faut noter la curieuse présence de saint André au centre de la composition, sous une arcade élargie, à la place habituellement réservée à la figure du Christ; ceci est d'autant plus frappant que saint Pierre et saint Paul, montrent la figure du centre, alors que les autres apôtres conversent deux par deux. Notons enfin, que la présence de treize figures n'explique pas l'apparition deux fois notée de saint Jacques le Majeur et de saint Jacques le Mineur.

Les six apôtres de l'autre face sont plus confus et plus détaillés; il est clair qu'ils sont d'une autre main mais on ne peut les considérer comme inférieurs de qualité, ceci d'autant plus que cette face a été très abîmée et très remaniée.

C'est à une autre main encore qu'il faut attribuer l'exécution des deux petits côtés à pignons. Le groupe du roi Sigismond et des quatre personnages est particulièrement bien venu malgré la raideur quelque peu maladroite des figures de droite. Saint Sigismond est vêtu d'un manteau ample dont les plis travaillés avec élégance laissent apparaître la forme du corps, traité en haut-relief avec beaucoup de dextérité. On ne saurait en dire autant du saint Maurice de l'autre face que l'on serait tenté d'attribuer à un autre artiste encore.

Les figures du toit, les deux Christ et leurs suivants, sont encore d'une autre main, et même d'un autre style, caractérisé par le peu de relief, la maigreur des corps et la proportion des têtes, toujours exagérée à cette époque, comme on le voit entre autre sur la grande face latérale de cette châsse. Seule la figure de l'archange Gabriel est très

Saint Jean-Baptiste (?), Christ bénissant, apôtre, figures centrales du toit de la châsse des enfants de saint Sigismond

nettement d'une autre main: il est placé sous une arcade plus large, celle qui abrite les figures correspondantes des autres extrémités des pans du toit; il est le seul à être authentifié par une inscription; sa tête est proportionnellement plus grande. L'ampleur du mouvement de toute la figure, des vêtements, des ailes est telle que toute la surface est couverte.

Deux figures d'apôtres. Détail du grand côté de la châsse des enfants de saint Sigismond

IACOBVS · S · DATDEVS

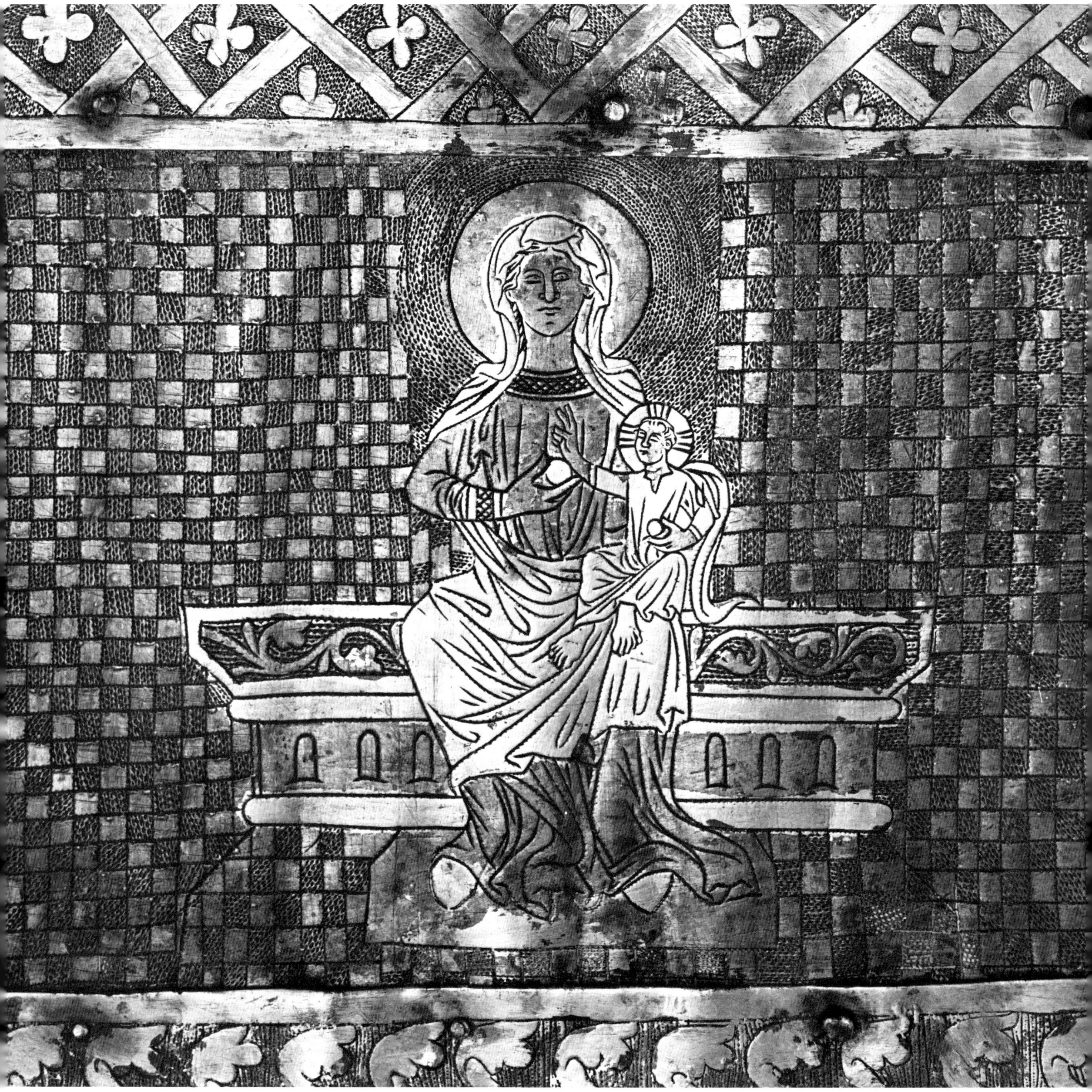

CHÂSSE DE L'ABBÉ NANTELME

Des trois grandes châsses du trésor, celle de l'abbé Nantelme est la seule qui n'ait pas été remaniée au cours des siècles et les réparations, si nombreuses sur les deux autres, ne sont ici qu'accidentelles. Elle se caractérise de plus par une technique tout à fait différente et par une iconographie en partie locale, puisque sa face principale, y compris le panneau du toit, sont consacrés au martyre et au triomphe de saint Maurice. Cette châsse présente, enfin, le très gros intérêt d'être datée par une inscription très claire, gravée sur l'arête du toit de la face principale; la date indiquée est le 25 octobre 1225. Voici cette inscription:

AGNO : GRACIE : MILLESIMO :
DVCENTESIMO : VICESIMO : QVINTO : VII :
KL : NOVEMBRIS : RELEVATVM : FVIT :
CORPVS : BEATI : MAVRICII : ET : IN : HOC :
PHILTRO : RECONDITVM : TEMPORE :
NANTELMI : HVIVS : LOCI : ABBATIS.

Nous apprenons encore par ce texte que Nantelme, abbé de Saint-Maurice de 1223 à 1258, a fait construire la présente châsse pour y transférer les reliques de saint Maurice, déposées jusque-là, selon toute vraisemblance, dans le tombeau de la crypte aménagée sous le chœur occidental de la basilique. Il était courant, en ce début du

Vierge à l'enfant. Petit côté de la châsse de l'abbé Nantelme

XIIIᵉ siècle, de rendre les reliques plus accessibles et de permettre aux fidèles d'admirer, mais aussi de toucher les reliquaires eux-mêmes, que l'on présentait sur l'autel ou au-dessus, le plus souvent possible, sinon dans une sacristie ouverte au public.

Ce coffre reliquaire est très sobre de construction: beaucoup plus allongé que les autres châsses, il est encore caractérisé par un toit dont les pans sont légèrement plus hauts que les côtés et par l'absence de corniches ou de moulures; son type s'éloigne donc de la forme de base si caractéristique du XIIᵉ siècle, la maison. La technique enfin et les matériaux sont très nouveaux.

Le coffre de bois, qui lui sert de base et de support, est couvert de plaques de cuivre gravé, guilloché, argenté et doré, sans aucun relief. Les douze panneaux des grands côtés et du toit, ainsi que les quatre panneaux des petits côtés, sont rivés au bois et séparés les uns des autres par des bandeaux de cuivre décorés d'ornements géométriques variés, de la même technique que ceux qui forment la structure architecturale de la châsse et lui servent de couvre-joints. Chaque panneau est orné de figures ou de groupes argentés ou dorés, qui se détachent sur des fonds en échiquier ou en damier.

La face principale, côté et toit, est consacrée à l'histoire de saint Maurice et, malgré la division en deux fois trois panneaux, on y reconnaît aisément deux grandes scènes.

Sur le côté, l'artiste a rappelé le martyre du saint et le massacre de ses compagnons. Au centre, debout, mais déjà à moitié effondré sur son écu, saint Maurice, vêtu de la cotte de maille, a la tête tranchée par un soldat qu'accompagne, en retrait, un autre homme d'arme qui lève son épée. Au-dessus se lit l'inscription: S. MAVRI-CIVS. Dans le bandeau d'ornement, au-dessus de la scène, l'âme du saint martyr, représentée sous les traits d'un petit personnage nu, s'élève vers le ciel, enfermée dans une mandorle soutenue par deux anges.

Dans le panneau de droite, quatre soldats de la légion thébaine, vêtus également de la cotte de maille et tête nue, assistent au supplice de leur chef et s'apprêtent à subir le même sort, serrés les uns contre les autres. A

Châsse de l'abbé Nantelme

133

L'Eglise triomphante. Détail du toit de la châsse de l'abbé Nantelme

ECCLESIA

gauche, enfin, se détachant sur un fond de damier en diagonale, Maximilien, associé à l'empire par Dioclétien qui lui confia l'Occident, ordonne le massacre. Vêtu comme un roi du XIIIe siècle, il tient l'épée nue appuyée sur l'épaule droite, tandis qu'il ordonne de la main gauche. Au-dessus de lui, à droite, on lit l'inscription: S.MAXIMIAVS.

Sur le pan correspondant du toit, saint Maurice, au centre, est assis de face sur un large trône, sans dossier et sans accoudoirs, vêtu de la cotte de maille, il a déposé son casque à sa droite; sa tête est auréolée. De la main gauche il tient la palme du martyr, tandis que son bras droit se tend dans la direction du roi Sigismond qui, dans le panneau de gauche, un genou en terre, lui tend sa couronne des deux mains. A droite, enfin, les deux fils de Sigismond, Gundebald et Giscald, à moitié agenouillés, offrent leurs épées au saint; ils sont entièrement couverts par leur cotte de maille et leur casque.

Cette représentation du martyre et du triomphe du chef de la légion thébaine est d'une rare qualité, tant dans la composition des deux scènes et de leur division en trois tableaux que par l'intensité qui se dégage du dessin gravé et des attitudes des personnages.

Sur l'autre côté, la Nativité occupe la composition centrale; la Vierge est étendue, tandis que Joseph se fait tout petit à droite en bas; l'Enfant est couché à l'arrière-plan, devant l'âne et le bœuf. Dans le panneau de droite, les rois mages tournent curieusement le dos à la scène principale. Ils annoncent déjà la composition du petit côté et le premier d'entre eux est agenouillé dans la direction de la Vierge assise; il tend son présent à l'Enfant.

A gauche, l'Annonciation occupe un panneau plus étroit que les autres, le bandeau de fixation a été déplacé de plus de un centimètre de droite à gauche. Il semble qu'il y ait eu là quelque défaillance qui étonne dans la rigueur de l'ensemble de la composition, mais tout remaniement semble exclu.

La crucifixion occupe le panneau central du rampant du toit, avec, à gauche, l'Eglise et, à droite, la Synagogue aux yeux bandés, qui tient en sa main gauche un étendard à la hampe brisée.

Châsse de l'abbé Nantelme

137

Sur l'un des petits côtés, le Christ trône dans le panneau inférieur alors que dans le panneau triangulaire supérieur se tient un ange à mi-corps, figure symbolique de Matthieu l'Evangéliste; la banderolle qu'il tient devant lui ne porte aucune inscription.

Sur le second petit côté, un aigle, figure symbolique de saint Jean l'Evangéliste, tient une banderole portant l'inscription IOHANNES AQVILA. Au-dessous, la Vierge à l'Enfant a l'élégance des figures du premier gothique.

Moins séduisante, au premier abord, que les deux autres châsses, moins facile à regarder à cause de la brillance, cette pièce du trésor n'en a pas moins une séduction et un intérêt très grands, tant par sa particularité technique, qui en fait l'œuvre d'un graveur de qualité plutôt que d'un modéliste orfèvre, que par l'élégance de son style caractéristique du premier mouvement gothique.

Cette châsse est datée, mais son origine est plus difficile à fixer. Il est très possible que les différents éléments qui la composent aient été commandés à un graveur auquel l'abbaye fixa, avec précision, l'iconographie générale et locale. C'est sur place ensuite que les plaques furent peut-être montées sur le coffre de bois et fixées par les bandeaux décoratifs. Les imprécisions et les manques s'expliquent probablement par le fait que cette châsse a été gravée par un artiste et montée par un artisan; certaines erreurs de dimensions ont pu se faire dans les transmissions de commande.

Il reste à savoir quel était le pays d'origine du graveur et les hypothèses peuvent aller bon train, bien que la composition, le tracé et surtout les attitudes et les vêtements permettent de faire certaines comparaisons dont aucune n'est vraiment satisfaisante, car si beaucoup d'objets liturgiques comprennent des éléments gravés, il n'en est point qui le soient dans leur ensemble.

Cette châsse dite de Nantelme, du nom de celui qui ordonna de la construire, mais qui devait en fait s'appeler châsse de saint Maurice, est un joyau très à part du trésor et en même temps le plus proche des saints martyrs d'Agaune et des fondateurs de l'abbaye.

RELIQUAIRES ET OBJETS LITURGIQUES DES XIIe ET XIIIe SIÈCLES

140

CROSSE ÉMAILLÉE

Cette crosse est traditionnellement attribuée à Nantelme qui fut abbé de 1223 à 1258. Elle a plus probablement été faite soit à l'usage de l'abbé Guillaume Ier (1179-1198), soit à celui de l'abbé Gonthère (1198-1208), sa structure et ses émaux, qui sont de Limoges, datant de la fin du XIIe siècle.

Cette élégante crosse est composée d'une douille, d'un nœud et d'une volute en tôles de cuivre embouties, rivées, gravées, ciselées et dorées, ornées d'émaux champlevés aux tons dominants bleus, avec quelques touches de rouge, de jaune et de blanc.

Sur la douille cylindrique, des rinceaux terminés par des feuilles de lierre encadrent deux médaillons quadrilobés ornés chacun d'un ange en buste. Le nœud, en sphère aplatie, comprend quatre médaillons ornés de griffons ailés travaillés à jour, dont les queues en volute se terminent également par une feuille de lierre.

La volute, de coupe quadrangulaire, est à double enroulement avec, au centre, une palmette en forme de fleur iridacée à trois pétales. Elle est ornée à l'extérieur, sur l'arête, de crochets, et se relie à la tige par une vrille en crosseron, ciselée mais non émaillée. Le décor gravé et émaillé est composé alternativement de rinceaux simples et de la copie d'une inscription coufique difficile à déchiffrer à but purement décoratif. Dans l'enroulement intérieur, ces décors sont remplacés par des séries de X que l'on a pris parfois pour des étoiles.

Pommeau de la crosse émaillée de Limoges

Par sa simplicité et par la pureté de ses lignes, par la pureté de son décor et par le raffinement de ses couleurs, cette crosse de Limoges est une des plus belles que l'on connaisse de cette époque. Aucun document n'indique sa provenance, mais il est fort probable qu'elle fut donnée par un haut personnage qui la commanda à Limoges pour la remettre à l'abbaye de Saint-Maurice. Il est en effet certain que les premières crosses de Limoges furent exécutées dès la fin du XIIe siècle, sur un modèle anglais, mais en empruntant aux ateliers de Silos, en Espagne, certains éléments décoratifs, tels les griffons ailés sur la célèbre plaque émaillée du tombeau de saint Dominique de cette abbaye.

Crosse émaillée de Limoges

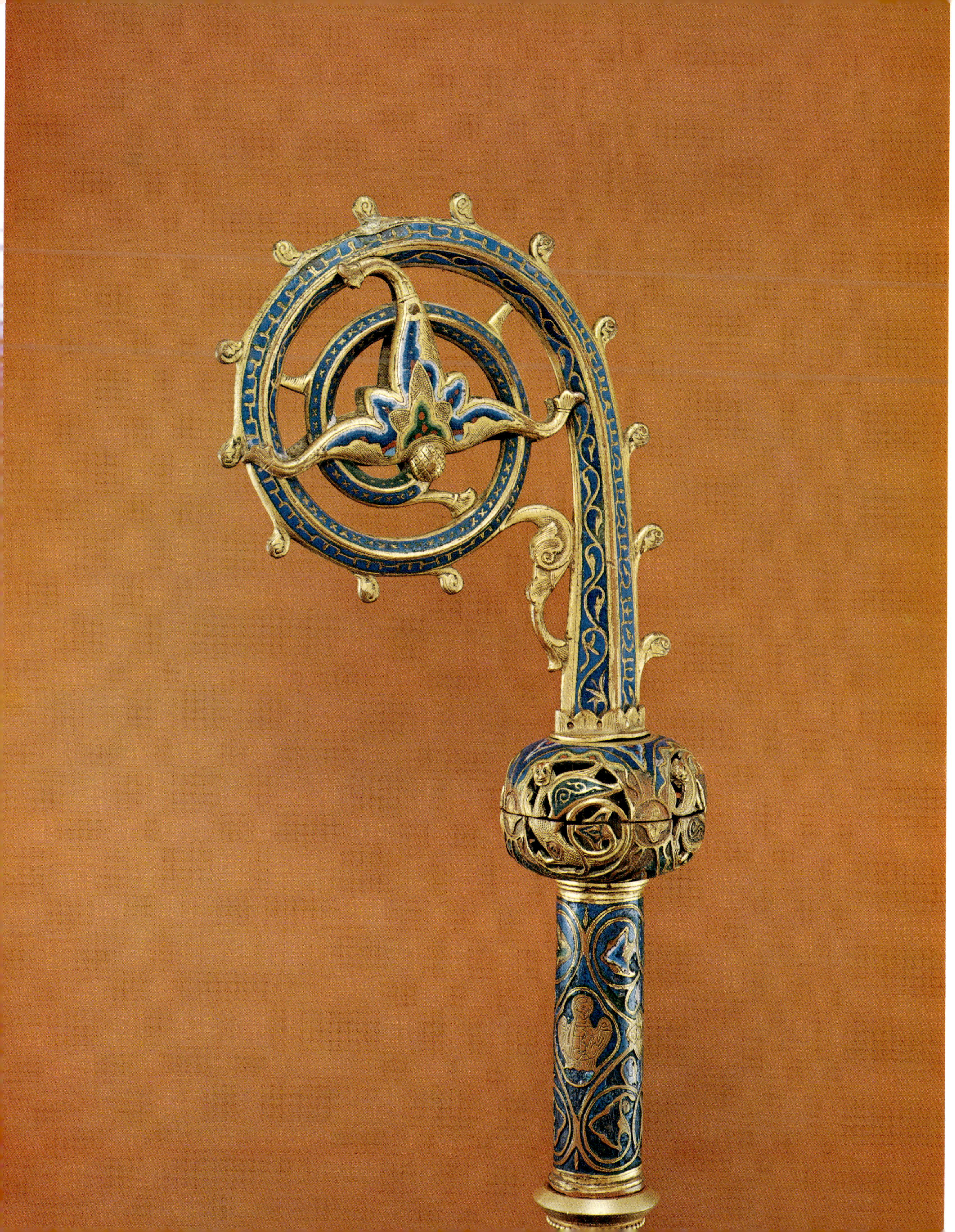

COFFRET-RELIQUAIRE ÉMAILLÉ

Ce petit coffret est du type courant, aux XIIe et XIIIe siècles, de la châsse en forme de maisonnette posée sur quatre pieds. Sur l'âme de bois sont rivées ou clouées des plaques de cuivre émaillé.

Le décor très simple se compose sur le grand côté de losanges au fond guilloché et émaillé et d'une bordure de petits trèfles quadrilobes. Sur le toit trois figures très frustres, sans bras mais traitées en relief, sont clouées sur la plaque de cuivre dans laquelle sont réservés huit chatons, dont cinq contiennent encore des cabochons. Le toit est garni d'une arête ajourée grossièrement gravée mais non émaillée.

La tradition voudrait que cette petite châsse provienne de Limoges: la comparaison avec des pièces identiques mais plus raffinées ne permet ni de confirmer ni d'infirmer cette attribution. Ces pièces de grande production provenaient d'ateliers nombreux et dispersés dont quelques-uns seulement sont connus. Il est donc fort possible que ce coffret provienne de quelque fournisseur provincial qui imita et la forme et la technique lancée et mise au point par Limoges, dont les ateliers, d'ailleurs, produisirent aussi des objets de série, pour répondre à une nombreuse clientèle d'églises et de communautés religieuses.

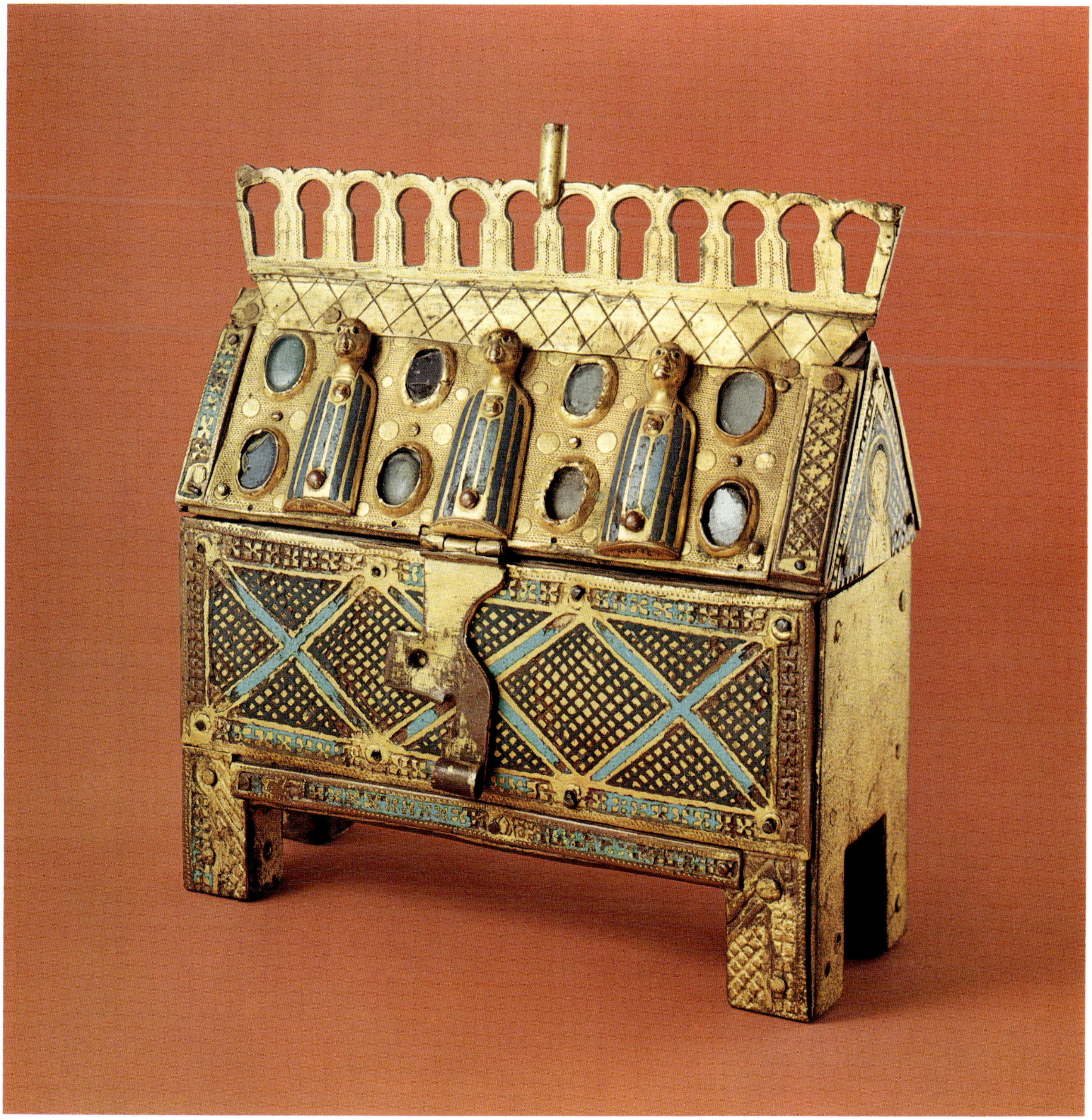

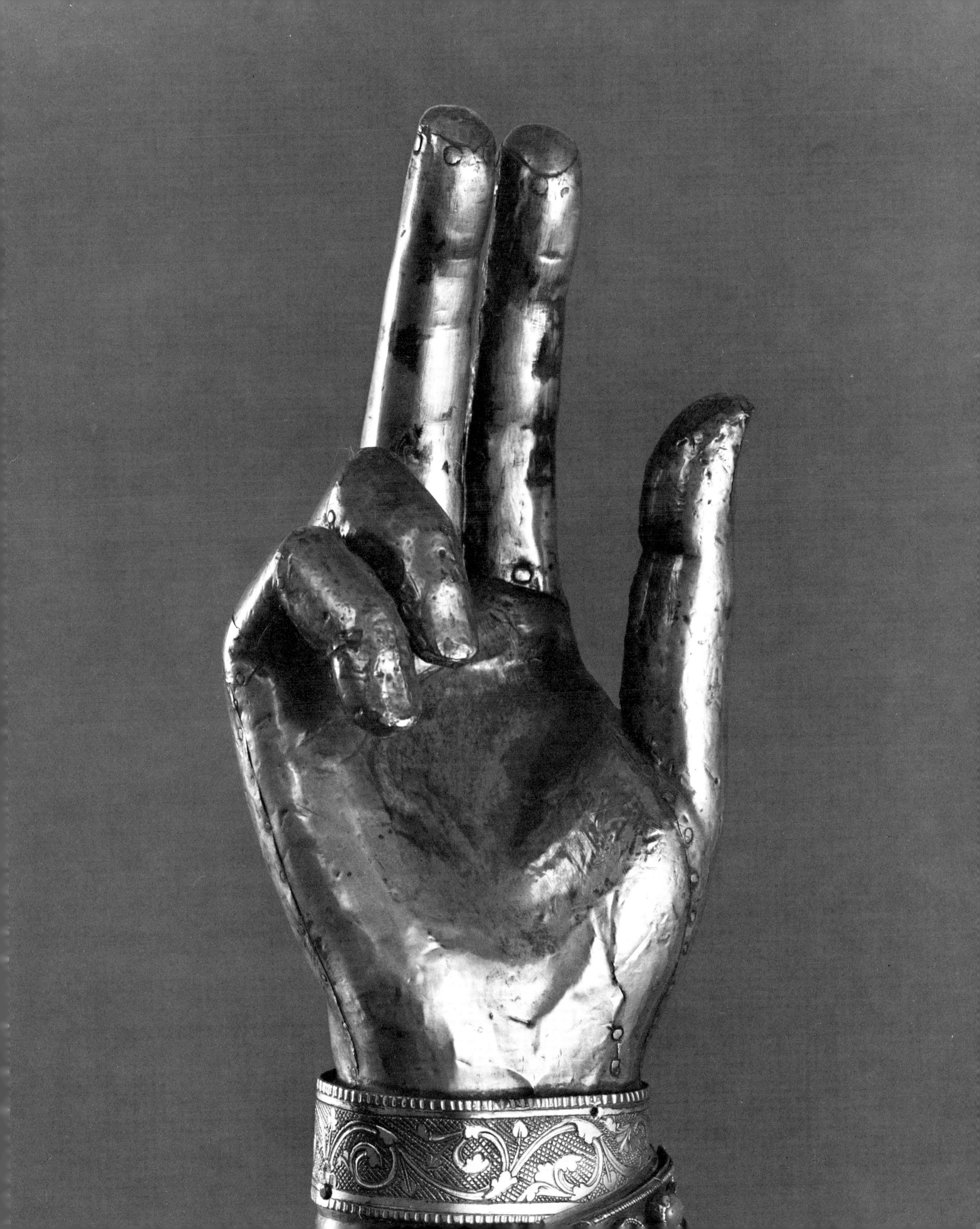

BRAS-RELIQUAIRE DE SAINT BERNARD

Cette pièce à la fois élégante et solide est un avant-bras posé verticalement sur un socle; de la double manche, aube et dalmatique, sort une main bénissante, le pouce, l'index et le majeur levés. Ce bras contient des reliques de saint Bernard de Menthon ou saint Bernard d'Aoste, qui y furent probablement déposées à la fin du XVIIe siècle ou au début du siècle suivant. Saint Bernard, en effet, ne fut canonisé qu'en 1681, mais il était déjà vénéré dans les Alpes, en Valais, en Savoie et dans le Val d'Aoste surtout, depuis plusieurs siècles. Il est possible et même probable que ce reliquaire ait contenu les ossements d'un des saints martyrs de la légion, jusqu'au transfert de la fin du XVIIe siècle.

Le socle, grossièrement réparé, nuit à la qualité de l'ensemble, le bras et la main ayant heureusement conservé leur état primitif et toutes les qualités de l'orfèvrerie de la fin de l'époque romane. La partie centrale du socle est composée de plaques d'argent doré ornées de cabochons et de filigranes, sauf sur l'une des faces où, après accident, on a remplacé l'argent par du cuivre. Sur les grands côtés on compte deux gros cabochons blancs et six cabochons bleus; sur les petits côtés il n'y a que cinq pierres.

C'est à une époque plus récente que l'on a réparé et renforcé le piédestal, en clouant sur la face et sur la large corniche des plaques de cuivre gravé ou émaillé et en couvrant les angles de palmettes de cuivre grossièrement clouées. Ces adjonctions ont alourdi le socle dont on peut

Détail agrandi de la main

147

imaginer la couverture de feuilles d'argent doré et filigrané, comme l'on peut imaginer les cabochons et les filigranes de la face supérieure.

C'est sur cette plaque d'argent qu'est posé le bras, ou plus exactement l'avant-bras de la dalmatique. La manche elle-même est en argent; les plis sont habilement travaillés et toute la surface est ornée d'étoiles composées de sept points en creux. La bordure en argent doré est couverte de cabochons et de filigranes du même type que sur la base, une grosse pierre blanche ou jaune alternant avec deux plus petites pierres bleues, et les filigranes se détachent en double volute en partant de chaque cabochon.

De la dalmatique sort le poignet de l'aube. Les plis très serrés sont traités avec vie et sont cachés à l'extrémité par une sorte de bracelet de cuivre doré et orné d'un rinceau gravé, imitation d'un galon de passementerie qui a dû être ajouté à une époque tardive.

La main bénissante est composée de plusieurs plaques d'argent habilement rivetées sur la main de bois.

Cette main est de très belle venue et son élégante solidité comme les détails du travail d'orfèvrerie rappellent beaucoup le chef-reliquaire de saint Candide. Peut-être ces pièces sont-elles du même atelier et pourquoi pas de celui de l'abbaye.

Bras-reliquaire de saint Bernard

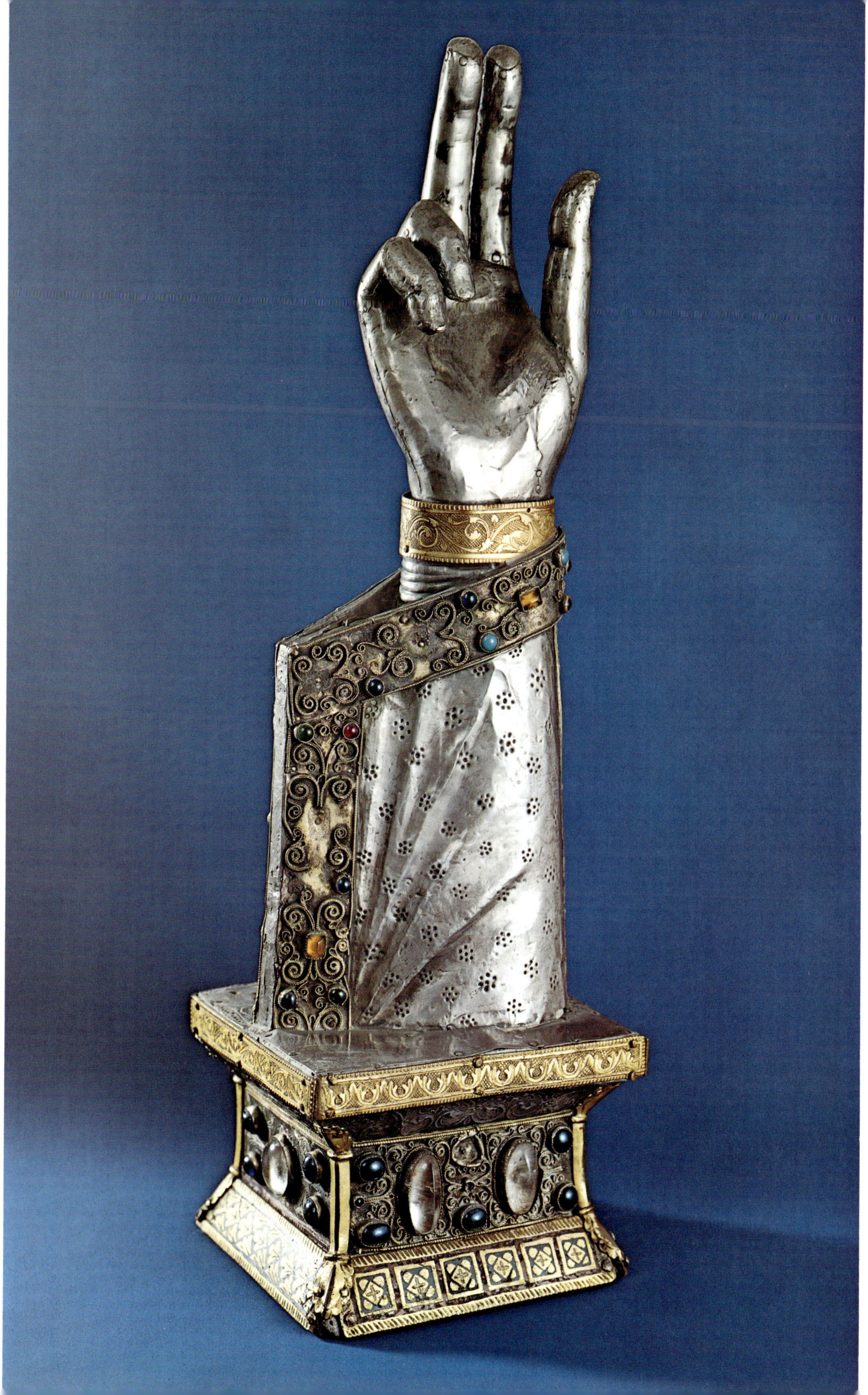

Coupe-ciboire dite de saint Sigismond

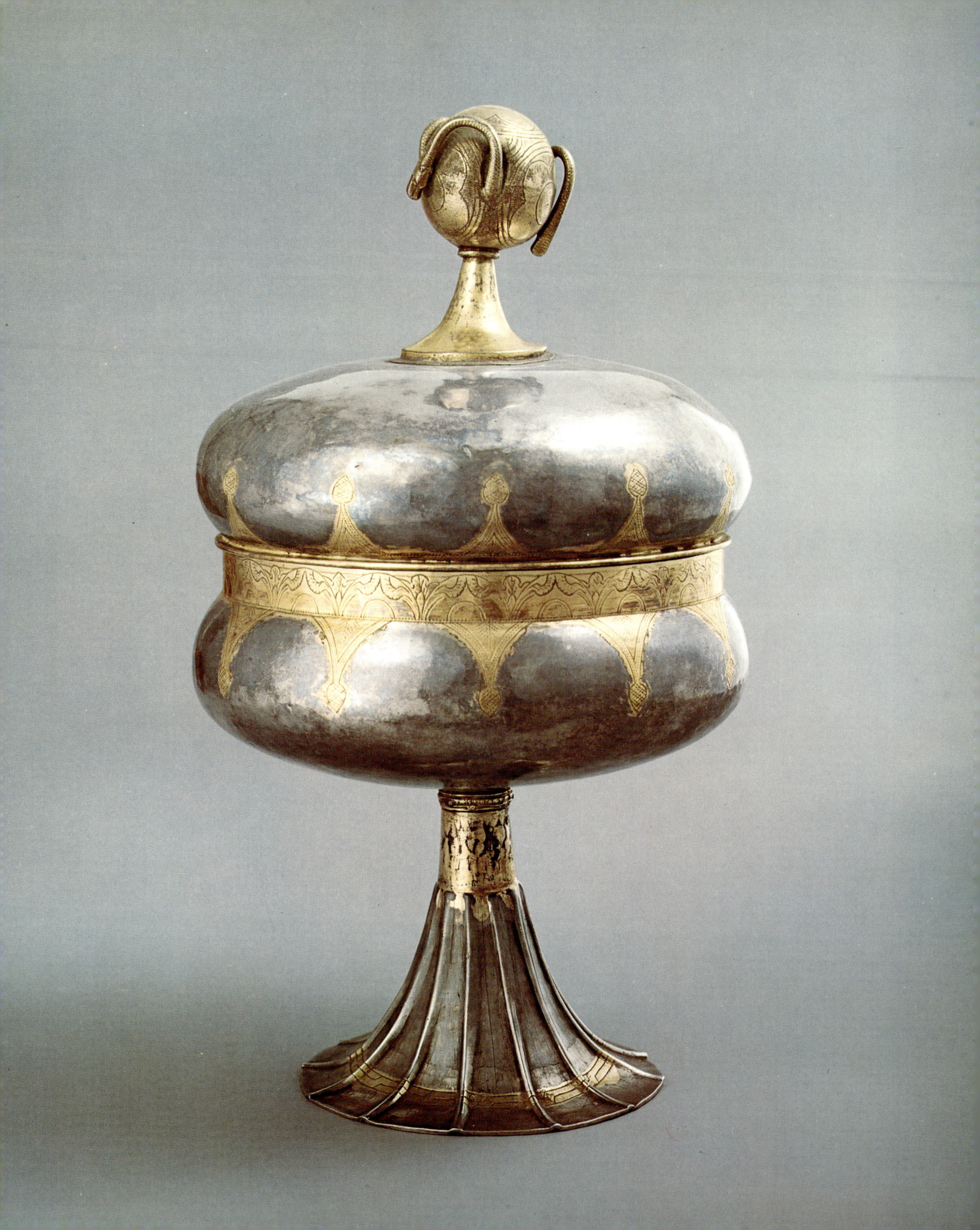

COUPE-CIBOIRE DITE DE SAINT SIGISMOND

Cette pièce est l'une des plus raffinées du trésor, tant par la qualité de sa forme que par l'élégante sobriété de son décor gravé.

Comme tous les ciboires de cette époque, à la limite du roman et du gothique, elle est composée de deux demi-sphères aplaties et cintrées à la ceinture; le pied, à base circulaire, est orné de douze baguettes semi-cylindriques qui s'interrompent peu au-dessous de la coupe, auquel le pied est rattaché par trois petites moulures. Sur la base court une sorte de grecque allongée gravée avec légèreté dans le métal.

La ceinture dans laquelle vient s'emboîter le couvercle est ornée de feuillages stylisés que continue sur les deux hémisphères un décor très sobre d'arcs de cercle terminés en leur point de rencontre par des pommes de pin. Toute cette partie est dorée.

Le couvercle se termine par une pommette de préhension, comme la Sainte Coupe de Sens; son décor gravé est complété, ici, par trois serpents qui sortent de la sphère. Cette pommette de préhension est creuse et contient un fragment de métal qui tinte au moindre mouvement.

Cette pièce de qualité, transformée autrefois en reliquaire, n'est rattachée à saint Sigismond que par la tradition, car il est certain qu'elle appartient à une période beaucoup plus récente qu'il faut situer au début du XIIIe siècle.

RELIQUAIRE DE LA SAINTE ÉPINE

Malgré l'élégant raffinement de ce reliquaire, ses petites dimensions en font toujours une pièce secondaire du trésor. Son intérêt est pourtant incontestable, tant par sa qualité de pièce d'orfèvrerie que par les problèmes qu'il pose; cette pièce, enfin, a le mérite d'être authentifiée par un document.

Lorsque saint Louis, roi de France, décida de créer à Senlis, à l'intérieur du domaine royal, un prieuré dédié à saint Maurice, patron de ses chevaliers, il demanda à l'abbaye des reliques et neuf chanoines pour peupler la nouvelle fondation. En 1262, Girold, abbé de Saint-Maurice, accompagna les reliques et les religieux à la cour du souverain qui, en témoignage de reconnaissance, lui remit un reliquaire contenant deux parcelles de la Sainte Epine, accompagné d'une lettre d'authentification conservée aujourd'hui au trésor.

Malgré l'impression d'unité qui s'en dégage, ce petit chef-d'œuvre d'orfèvrerie est en fait composé de deux éléments.

Les deux fragments de la Sainte Epine sont enfermés dans une lentille de cristal de forme elliptique sertie dans une mandorle d'or massif, sur chaque face de laquelle sont montés dix-neuf émeraudes, rubis et perles, ces dernières sur fond de marguerites d'or. Les deux faces sont identiques et l'arête extérieure est marquée de nervures fines et précises.

Le pied est d'argent doré; la tige, de plan rectangulaire dans sa partie supérieure et circulaire dans sa base, est marquée en son milieu d'un nœud côtelé hexagonal. Sur le pied, au galbe élégant et allongé marqué d'une gorge circulaire, on lit entre deux filets l'inscription suivante :

† SPINA DE SACROSANCTA
CORONA DOMINI

La mandorle est fixée à la tige d'argent doré par deux pivots en forme de charnières alors que, sur les deux faces, elle est retenue et en partie cachée par deux feuilles d'érable.

Il est fort probable que la mandorle était à l'origine un bijou profane du trésor royal, un pendentif, vraisemblablement transformé en reliquaire. Si donc, d'après la charte, le style raffiné et les caractères de l'inscription, le pied peut être daté du début de la seconde moitié du XIIIe siècle, il n'en va pas de même du bijou-reliquaire qu'il faudrait faire remonter au premier quart de ce même siècle, à moins que l'on ne découvre, par comparaison, une date antérieure encore.

De tels montages étaient si fréquents que l'on ne peut s'en étonner ici, ceci d'autant plus que cette monstrance a conservé malgré cela une élégance caractéristique de l'art des orfèvres de l'Ile-de-France du milieu du XIIIe siècle.

Reliquaire de la Sainte Epine

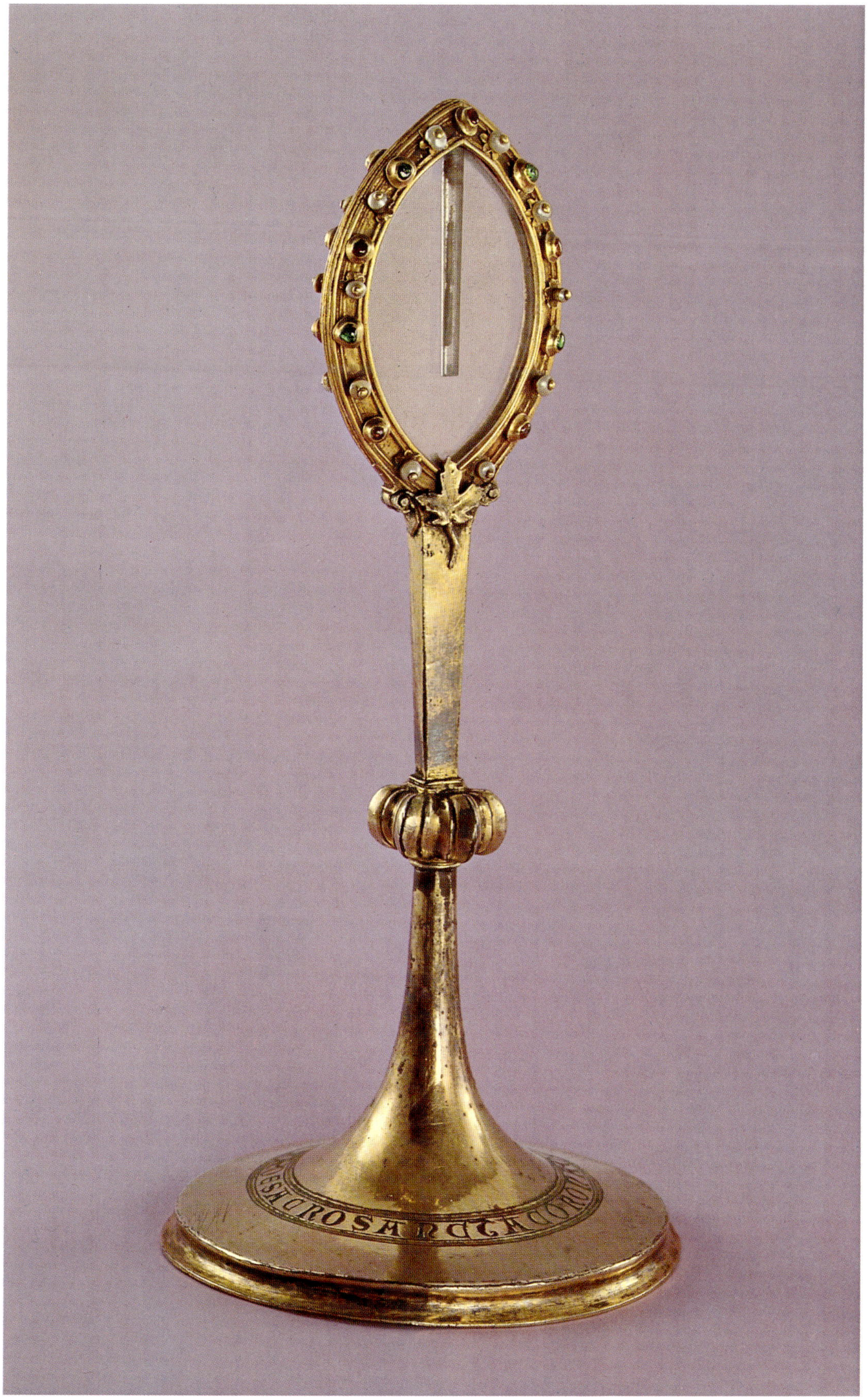

CROIX-RELIQUAIRE DITE DE SAINT LOUIS

Selon la tradition, ce reliquaire, qui contient un fragment de la vraie croix, aurait été donné à l'abbaye par saint Louis, bien qu'aucune mention n'en soit faite dans la lettre qui accompagnait la monstrance de la Sainte Epine donnée par le roi de France en 1262.

Cette petite croix est en argent repoussé, entièrement doré à l'origine, rivé sur une âme de bois. Destinée à être fichée sur une hampe au cours des processions, ou en terre lors de sépultures, elle se termine, à la base, par une longue pointe de métal. Les fleurs de lis très stylisées qui marquent les extrémités des bras sont sans décor; tout le contour est cerné d'un rang de petites perles.

Le décor principal est composé d'éléments végétaux superposés et symétriques, marqués de pommes de pin, dont le dernier de la branche inférieure est aujourd'hui coupé par le bras horizontal de la croix. Cinq petits médaillons, cernés d'un rang de perles, représentent l'Agneau et les symboles des quatre évangélistes. Le tout est travaillé en relief, au repoussé.

L'Agneau était placé, à l'origine, au centre d'un quadrilobe qui venait entre autre recouvrir le décor des éléments verticaux, cachant ainsi la brusque interruption de la composition, telle qu'elle apparaît aujourd'hui.

La face postérieure a été malheureusement très grossièrement réparée à une époque tardive, et le décor d'origine n'a été conservé qu'à l'extrémité supérieure de la croix.

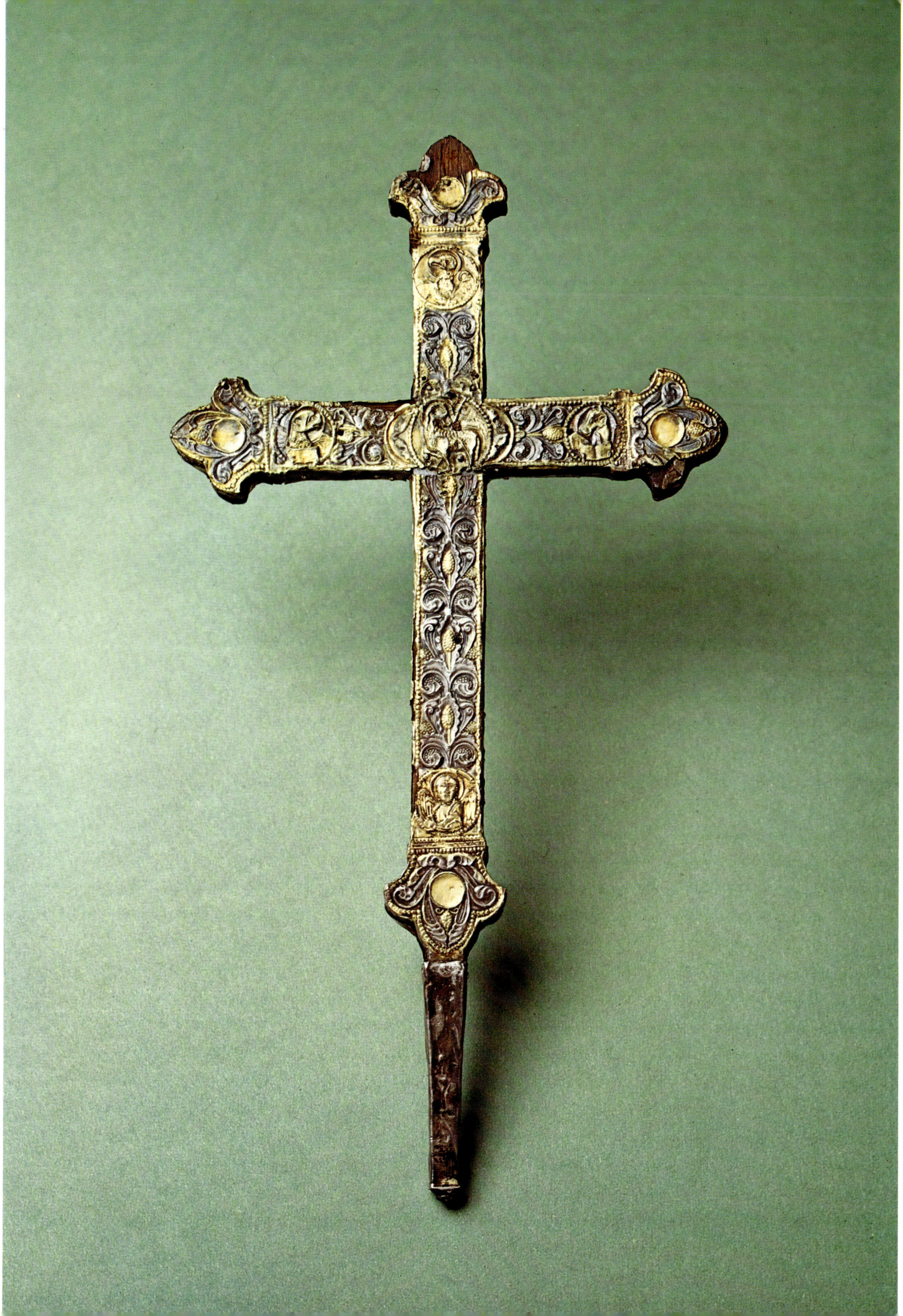

C'est au XVIIe siècle, probablement sous l'abbatiat de Quartéry, que l'on confectionna pour cette petite croix reliquaire raffinée un boîtier d'argent orné d'émaux, de pierres et de dessins gravés.

Détail du pied de la coupe-ciboire dite de Charlemagne

COUPE-CIBOIRE DITE DE CHARLEMAGNE

Une tradition, abandonnée depuis longtemps, attribuait à Charlemagne la donation de cette pièce à l'abbaye, ce qui lui valut chez certains auteurs anciens d'être datée du VIIIe ou du IXe siècle.

Comme toutes les pièces du trésor, ce ciboire pose un certain nombre de questions qui ne sont pas résolues et ceci malgré l'unité de composition et de style, et malgré la clarté de l'iconographie. S'agit-il d'abord d'un ciboire, d'une coupe ou d'un reliquaire? Par sa forme et son type c'est un ciboire très typique, par ses dimensions c'est une coupe et par son utilisation ce fut à un moment donné un reliquaire, comme l'indique l'inventaire de l'abbé Milès: «Reliquiare sancti Caroli magni, super quo victos infideles jurare faciebat ad fidem ei servandam.»

La coupe et le couvercle sont deux calottes demi-sphériques opposées, ajustées l'une à l'autre par des lèvres resserrées en bandeaux. La coupe repose sur un pied circulaire; le couvercle est surmonté d'un petit groupe sculpté dont le sens iconographique est encore discuté. Le tout est en argent doré et la décoration se compose de médaillons circulaires ou elliptiques travaillés au repoussé et regravés.

Le pied est orné de trois médaillons en mandorle contenant chacun la figure assise d'un apôtre tenant de la main gauche un livre et de la droite une petite boule. Sur le pied, entre les amandes, trois anges en buste, dont un a disparu, complètent le décor avec les tiges en quatre-feuilles de la partie supérieure du pied.

Coupe-ciboire dite de Charlemagne

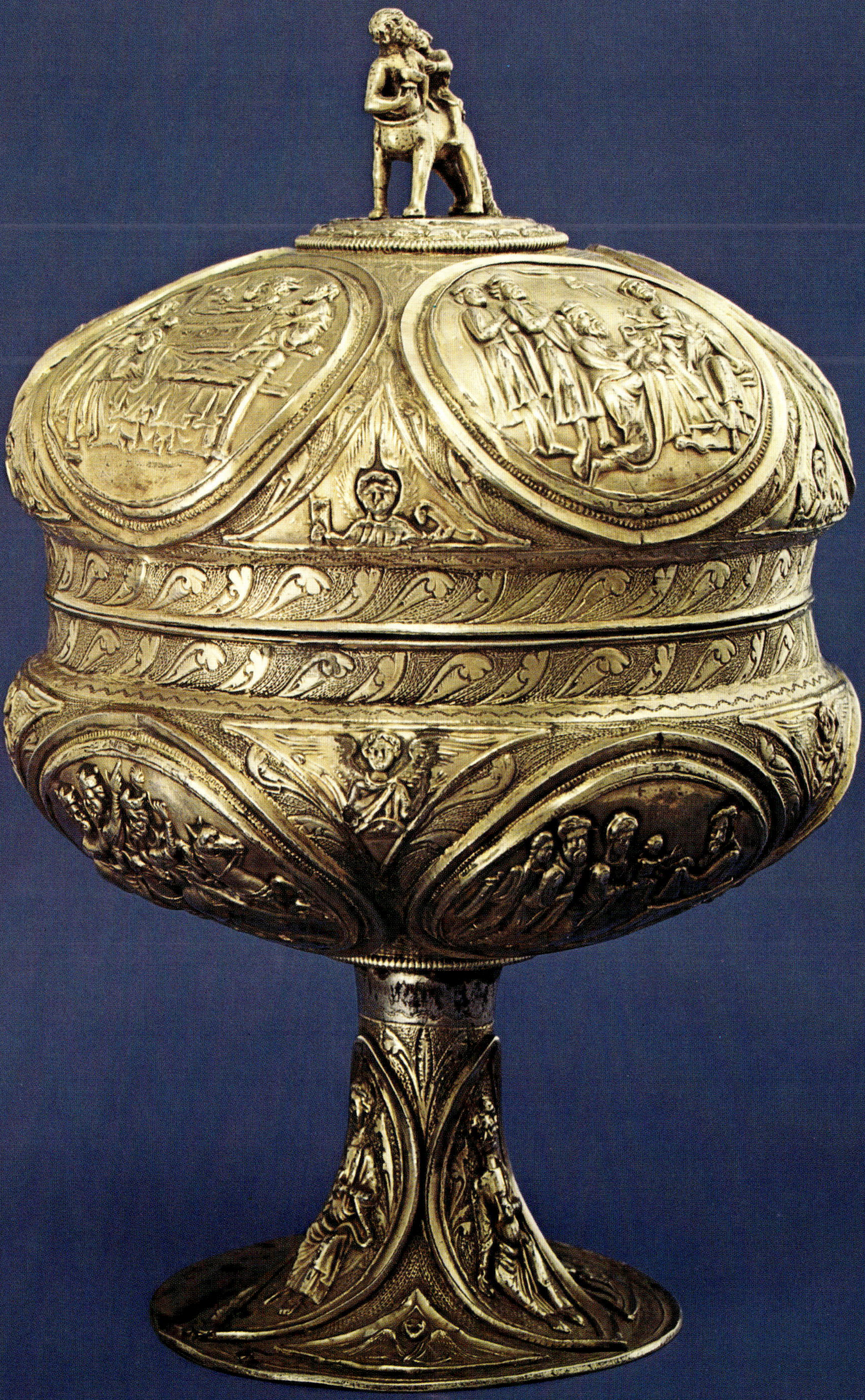

La coupe porte cinq médaillons presque circulaires et à peine séparés les uns des autres par un léger espace; ils sont cernés d'une double moulure, dans la gorge de laquelle court un rang de petites perles. Les scènes représentées dans ces médaillons sont: le massacre des innocents, le baptême du Christ, les mages chez Hérode, les mages à cheval suivant l'étoile et la circoncision. Cinq anges occupent les espaces triangulaires supérieurs.

Le couvercle est composé d'une façon tout à fait identique à la coupe et les médaillons sont occupés par les scènes suivantes: l'annonciation, la visitation, les bergers et l'ange annonciateur, la nativité et l'adoration des rois mages. Les anges, ici, tiennent un livre et un volumen à demi-déployé.

Les bandeaux cintrés sont ornés de feuillages stylisés.

Le sommet du couvercle se termine par un médaillon entouré d'un rang de petites perles sur lequel on a fixé, à une époque récente, un groupe sculpté, qui, pendant longtemps, était soudé au fond de la coupe et au sujet de laquelle Edouard Aubert écrivait: «A l'intérieur de ce monument, auquel je donne le nom de ciboire, parce que, malgré sa destination actuelle, sa forme ne permet pas de le désigner autrement; à l'intérieur, dis-je, se trouve un objet bien peu en harmonie avec la composition éminemment chrétienne des sujets contenus dans les médaillons, et bien fait pour déconcerter les archéologues. Je veux parler d'une petite figurine fondue, ciselée et dorée, qui est fixée au fond de la coupe inférieure et représente un centaure portant en croupe un jeune enfant. Que signifie ce souvenir païen de l'éducation d'Achille? La tradition rapporte que ce vase servit à Charlemagne lui-même; qu'il y buvait dans les festins, et qu'à l'armée il faisait prêter serment de fidélité sur cette coupe à ses officiers et à ceux de ses ennemis qui imploraient sa clémence. Dans un acte de visite des reliques en date du 28 août 1659 on trouve cette description: *Crater quem dicant fuisse Caroli Magni intro habet centaurum. Olim in eo fiebat vinagium.*»

Cette citation nous montre, dans le style fleuri de l'auteur, étonné et presque scandalisé par la présence du centaure, que la tradition et la légende furent longtemps vivaces, en rappelant que le vinagium était un vin béni

Coupe-ciboire dite de Charlemagne. Détail du couvercle avec l'adoration des Rois Mages

163

dont le contact avec les reliques donnait la guérison. Aujourd'hui le petit groupe sculpté est fixé sur le couvercle, ce qui redonne tout l'équilibre au ciboire; les archéologues restent déconcertés ou plutôt opposés par sa signification.

L'iconographie de cet objet, avant même celle de son couronnement, pose le problème de sa destination. Les ciboires, lorsqu'ils sont ornés de scènes, le sont en général autour d'un thème, celui de l'incarnation ou de la rédemption, la crucifixion restant l'événement central exigé par la fonction même du ciboire: réceptable des hosties consacrées.

On trouve déjà à la fin du XIIe siècle des ciboires identiques de forme à celui de Saint-Maurice; scènes tirées de l'Ancien et du Nouveau Testament sont également traitées dans des médaillons répartis sur la coupe et le couvercle. Les premiers ciboires de ce type sont émaillés et proviennent soit d'Angleterre soit de Normandie, et parmi ceux-ci il faut citer entre autres celui de Malesbury (vers 1165) et celui de Kennet de la même époque.

Le ciboire dit de Charlemagne est d'un type évolué et élégant qui le rapproche de la «Sainte-Coupe» en vermeil de la cathédrale de Sens, datée du XIIe siècle, mais qui ne porte pas de décor figuré.

Les médaillons sont d'une rare beauté et l'orfèvre a su donner vie et ampleur à des scènes pourtant difficiles à enfermer dans une forme circulaire. Il s'agit certainement d'une œuvre sortant d'un grand atelier dans la tradition normande ou de l'Ile-de-France, dont l'activité fut surtout florissante au XIIe siècle.

Pyxide ou boîte à hosties de la monstrance de sainte Apollonie

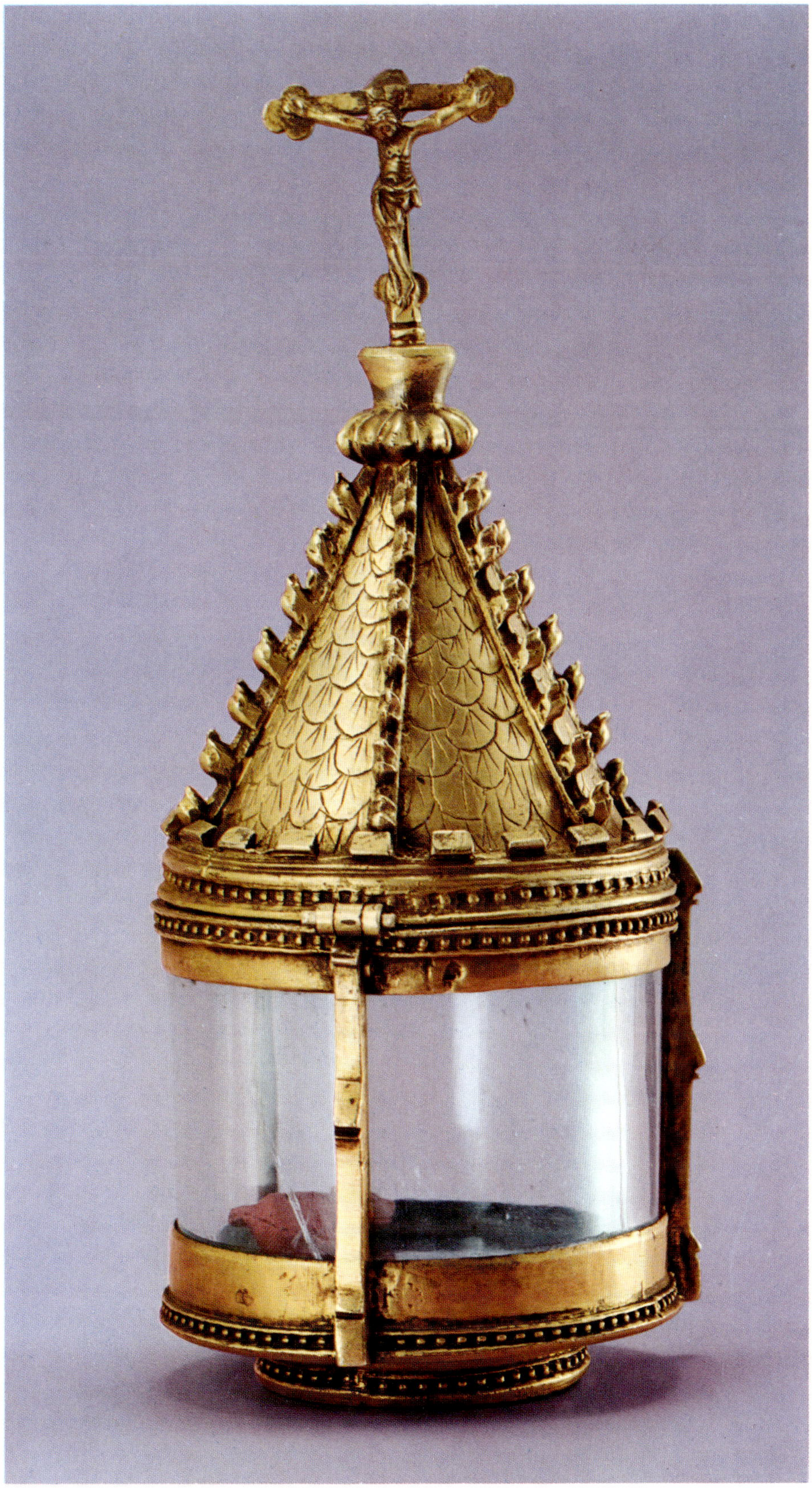

MONSTRANCE DE SAINTE APOLLONIE

Si une certaine confusion dans les inventaires fait que l'on semble parfois oublier cette pièce, c'est qu'il s'agit en fait d'un objet composé comprenant une pyxide ou boîte à hosties fixée sur un pied par un crochet à baïonnette.

La boîte elle-même, en argent doré, est composée d'une partie cylindrique en cristal de Venise reposant sur un fond de métal orné d'un bandeau perlé, que l'on retrouve, doublé, au-dessus, sur le fond du couvercle, relié à la base par trois tiges. Le couvercle, lui-même, est conique; il est divisé en six pans; de légers bandeaux à crochets séparent les six triangles sur lesquels sont gravées des tuiles. Le tout est surmonté d'un crucifix tréflé.

Le pied est une tige hexagonale coupée d'un élément à six pans et posée sur un large pied. Sur chacune des faces de l'hexagone du pied on voit un petit médaillon en émail champlevé; deux de ces médaillons représentent l'écusson de Savoie inscrit dans un cercle d'émail bleu; sur les trois autres on voit le Christ, la Vierge et saint Paul. Le dernier médaillon, très usé, devait contenir la figure de saint Pierre.

Bien que l'on retrouve sur le pied les minces bandeaux de perles qui cerclent la pyxide, on aurait tendance à considérer cette dernière comme plus ancienne que le pied, le tout ayant été certainement offert à l'abbaye par la maison de Savoie à la fin du XIVe ou au début du XVe siècle. Quant à la pyxide, qui est d'un type ancien, elle doit dater de la fin du XIIIe siècle ou du début du siècle suivant.

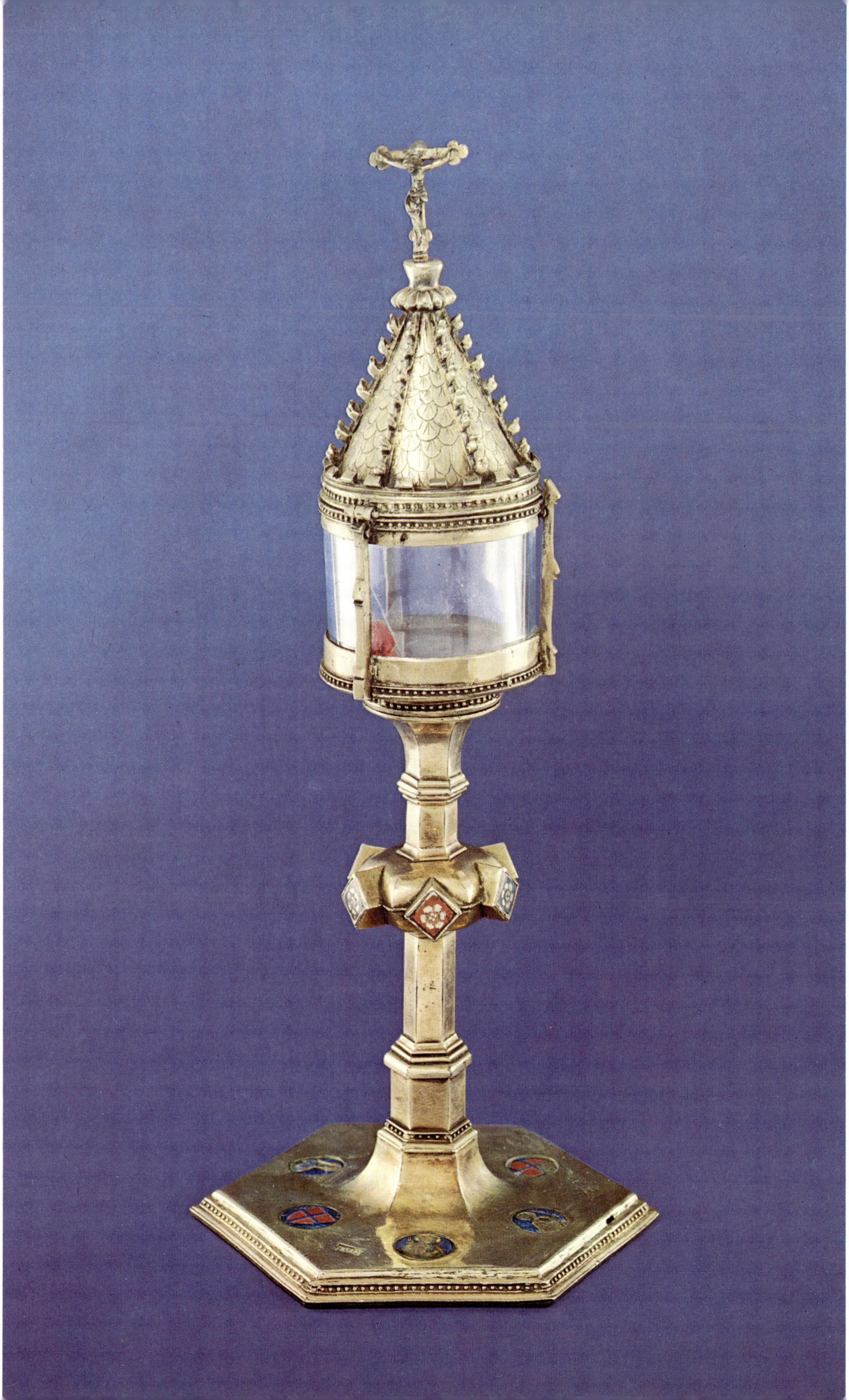

BRAS-RELIQUAIRE
DE SAINT MAURICE

Il n'y a aucune comparaison possible entre ce reliquaire et le bras de saint Bernard, dont l'élégance fait un objet d'orfèvrerie particulièrement rare, alors que celui-ci, beaucoup plus tardif – on le date du XVe siècle – est d'un type courant et l'on peut presque dire industriel. La manche est cylindrique et sans vie malgré un décor gravé et le rang de rubis montés sur chatons, qui sont peut-être une adjonction tardive; elle se termine par six médaillons circulaires et losanges décorés à l'émail de la croix tréflée de saint Maurice.

    La main bénissante ne semble pas sortie du même atelier; elle s'emboîte d'ailleurs mal, par son poignet ovale, dans la manche circulaire. Serait-elle un peu plus ancienne? Cela n'est pas exclu, ceci d'autant plus que les comparaisons que l'on peut faire avec d'autres bras-reliquaires, conservés dans les trésors d'églises, inciteraient à dater celui de saint Maurice du XIIIe ou du XIVe siècle, la base, elle, étant bien sûr beaucoup plus récente. La main, par son modelé, par ses qualités plastiques, par son naturalisme de tradition appartient bien à une des belles époques du gothique et non pas à la décadence de ce style comme on l'a voulu jusqu'à ce jour.

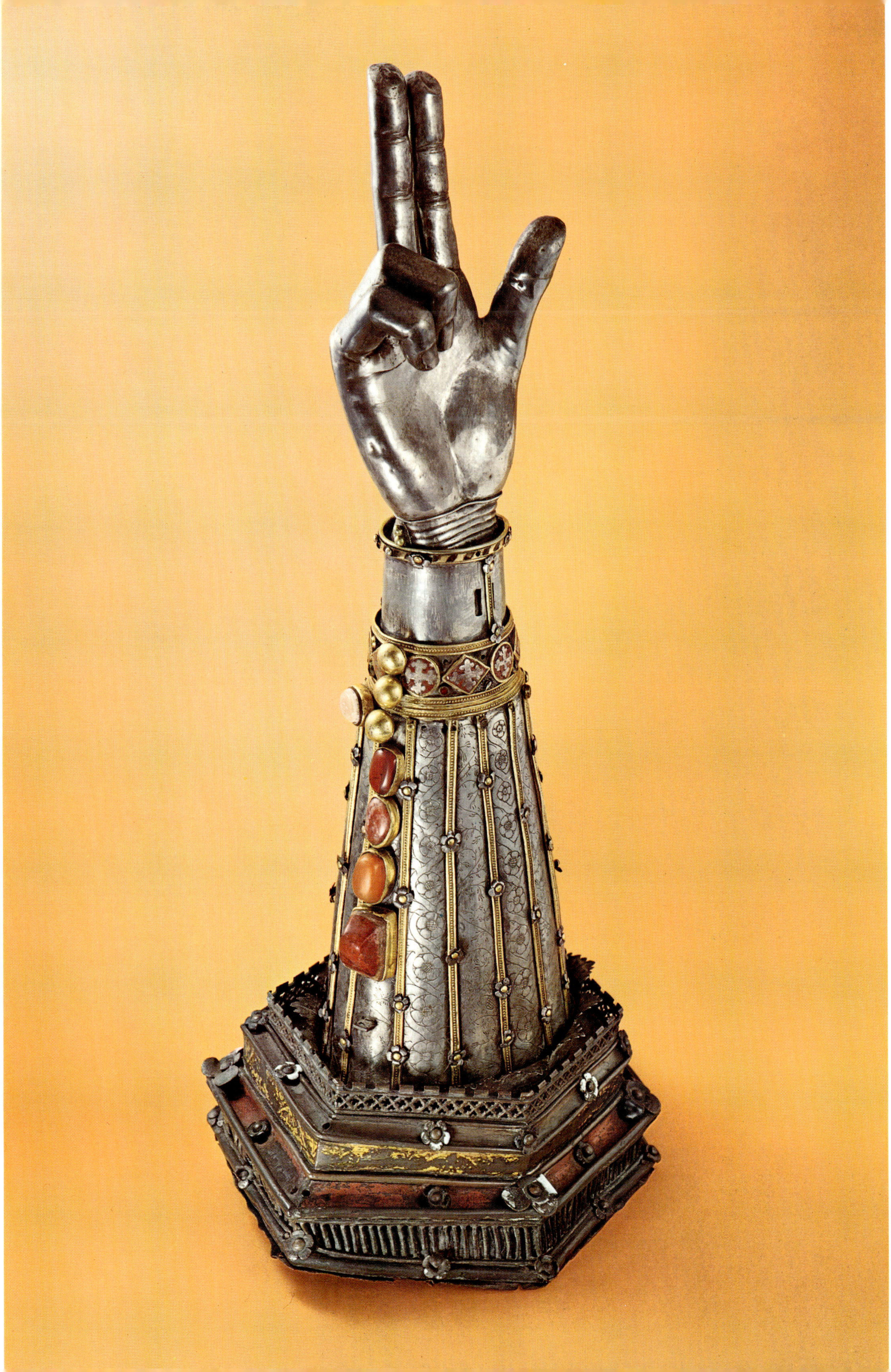

170

CROIX-RELIQUAIRE DITE DE SAINT ANDRÉ

Cette croix, à la fois reliquaire et croix de procession, est en argent partiellement doré; les bras se terminent par des fleurs de lis et son décor fort simple, sans médaillons, est composé de volutes alternées par deux, et superposées dans toute la longueur de la hampe et des bras. Chaque volute est dessinée d'un double filet et se termine par un fruit stylisé; les bords sont marqués par un rang de petites perles. Au point d'intersection de la hampe et des bras, une plaque carrée ornée d'un quatre-feuille végétal est montée sur charnière; c'est sous cette plaque que sont placées les reliques.

Il est difficile de donner une date précise à cette croix qui contiendrait selon la tradition un fragment de la croix de saint André. Les éléments décoratifs, le dessin des fleurs de lis, la technique du repoussé peuvent en faire un objet contemporain de la croix de saint Louis, mais il est difficile d'admettre avec Aubert qu'elle pourrait remonter au XIIe siècle.

p. 170. Croix-reliquaire dite de saint André

PIÈCES DE LA FIN DU MOYEN ÂGE

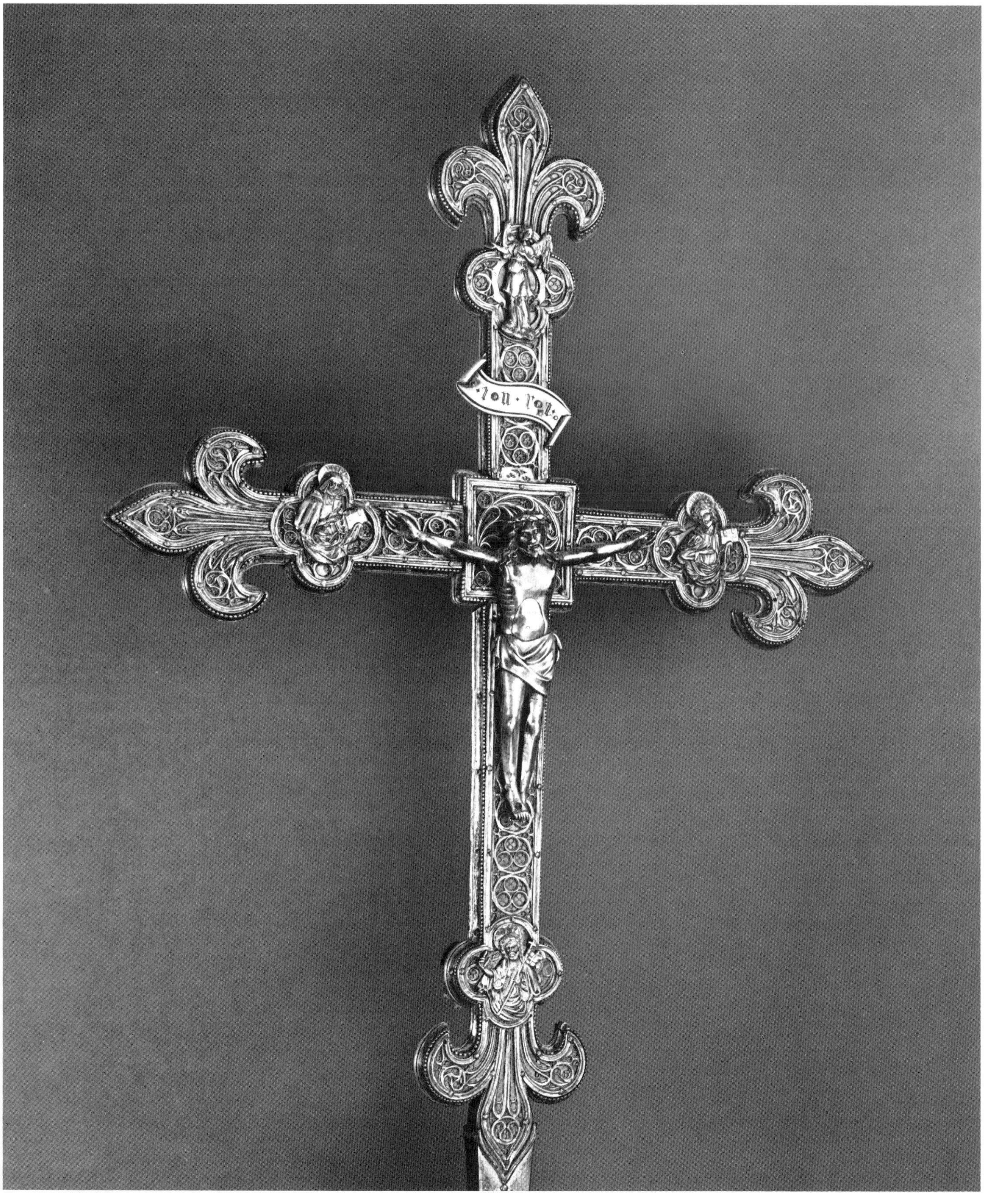

175

BUSTE-RELIQUAIRE DE SAINT VICTOR

Saint Victor d'Agaune, vétéran de la légion thébaine, avait reçu son congé avant le massacre de saint Maurice et de ses compagnons. De passage à Agaune, quelques années après le martyre, il confessa sa foi et fut décapité. Il fut honoré à Genève et à Saint-Maurice; la cathédrale de Sens reçut de lui, en 769, une relique conservée aujourd'hui dans son trésor.

La tradition veut que ce reliquaire ait été donné, au XVe siècle, par la maison de Savoie.

Sur une base rectangulaire aux angles coupés, repose le buste du saint jusqu'à la hauteur des coudes. Le saint guerrier est représenté de face, les deux bras repliés, le haut du corps couvert d'un vêtement à larges plis tandis que la tête, sauf le visage, le cou et les épaules sont protégés par une cotte de maille. Au centre de la poitrine une ouverture quadrangulaire vitrée permet de voir les reliques.

De la main droite, saint Victor tient un sceptre aux armes de Savoie; le sommet du crâne a perdu sa coiffure d'origine.

Le visage est peint ou plus exactement repeint; l'artiste a voulu lui donner la sévérité de celui d'un guerrier en lui faisant froncer les sourcils et serrer les lèvres.

Ce buste-reliquaire, sans être inintéressant, est d'une qualité courante et d'une époque plus récente que les autres pièces importantes du trésor. Conçu selon un type stéréotypé courant dans toute l'Europe, il ne se distingue que par les détails vestimentaires du saint.

p. 174-175. Croix de procession

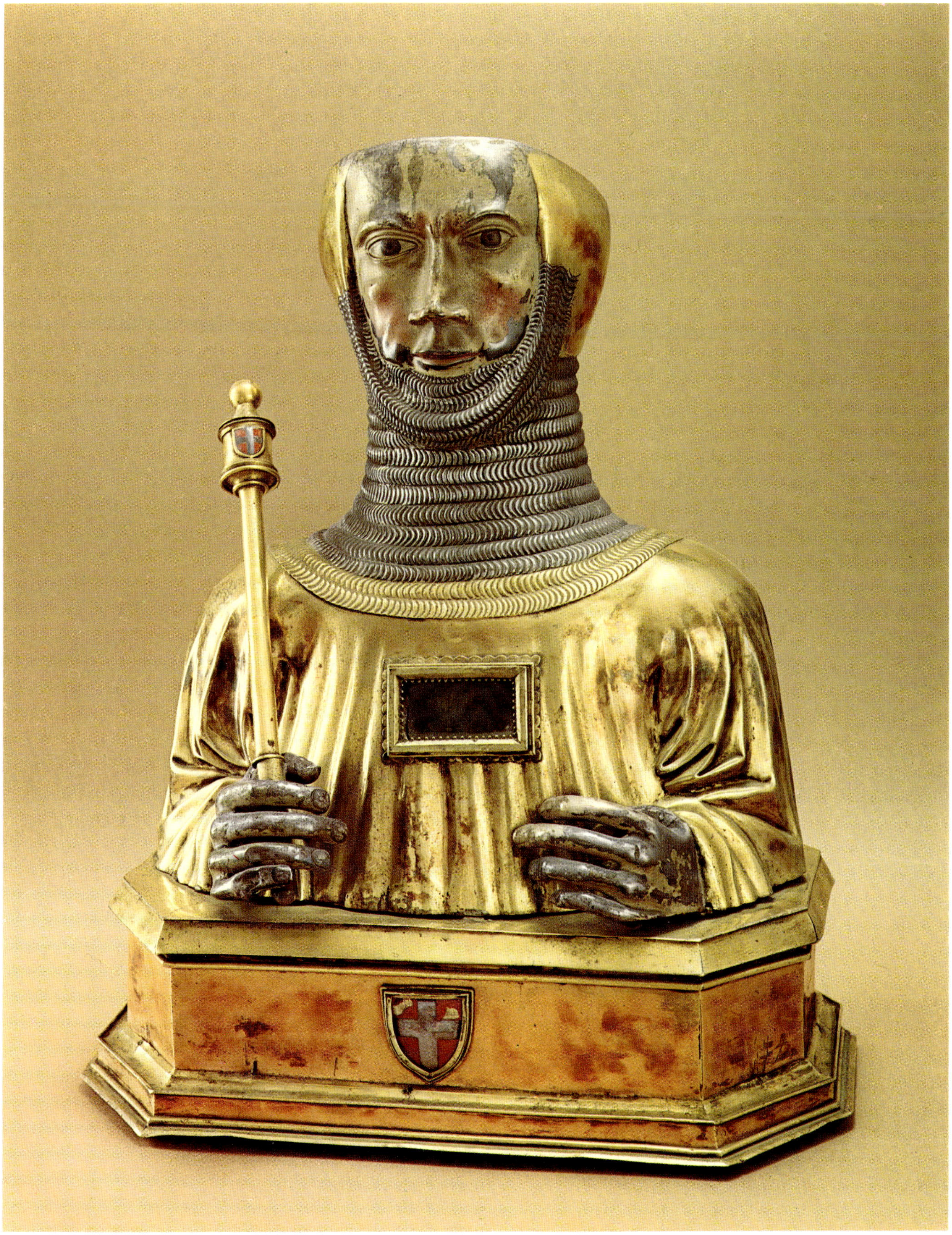

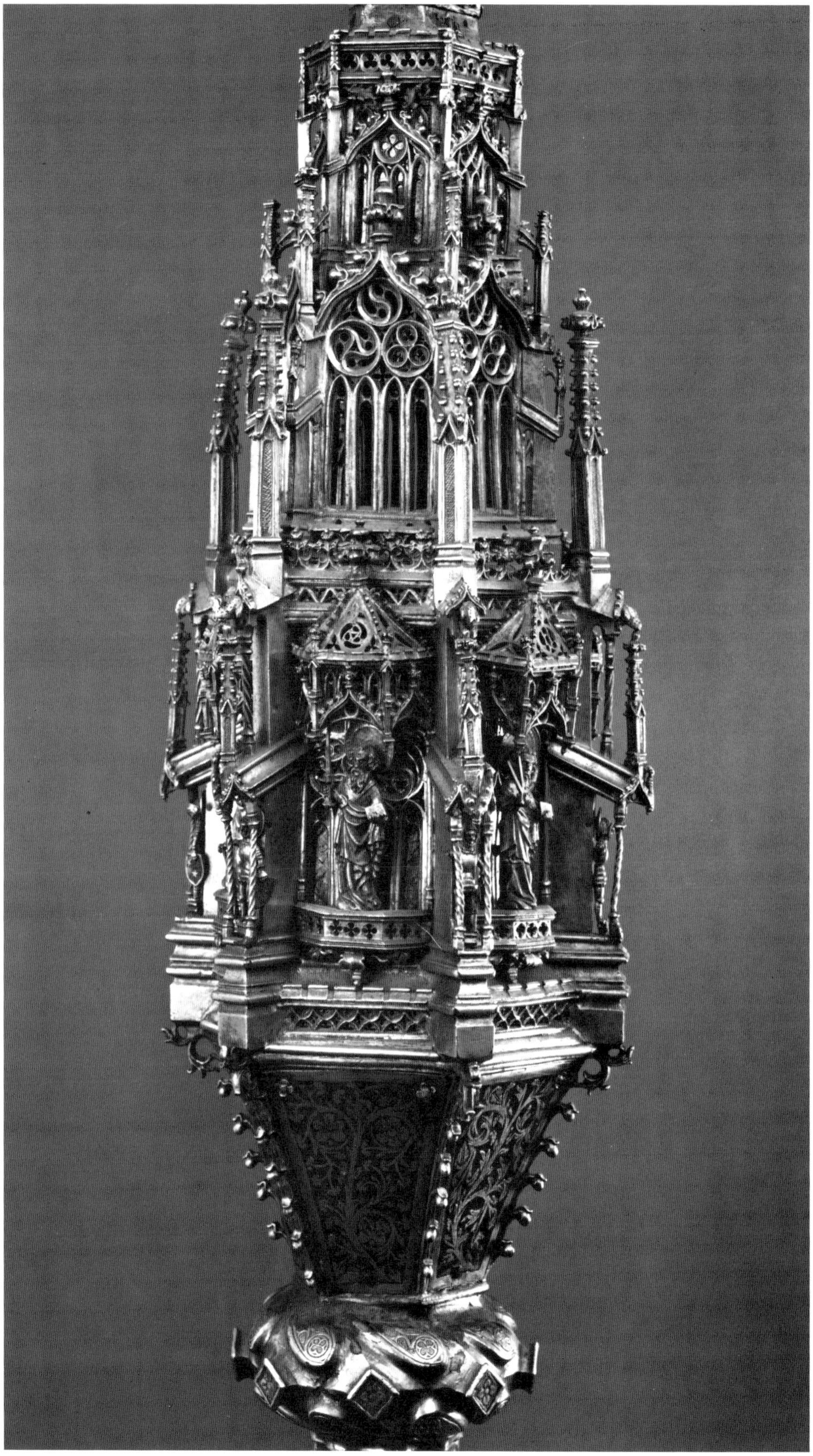

CROSSE DITE DE FÉLIX V

Cette crosse est une œuvre caractéristique de l'extrême fin de l'époque gothique, marquée par la monumentalité de l'objet et par la surabondance des détails qui, fort heureusement, fondus dans l'ensemble, ne nuisent pas à l'architecture de ce pinacle d'argent doré repoussé ou moulé, gravé et parfois émaillé, que vient alléger l'élégant crosseron.

La hampe d'origine a disparu: c'est sur elle que venait s'emboîter la douille cannelée terminée en haut et en bas par des nœuds aplatis et polygonaux ornés de chatons gravés ou émaillés.

Le pinacle, de plan hexagonal, repose sur un cône renversé à six pans qui supporte toute la construction et sert à la lier à la douille de préhension. Les six pans sont décorés d'élégants rinceaux qui se détachent sur un fond d'émail bleu foncé; les arêtes sont ornées de petits crochets ciselés et dorés.

C'est sur cette base que repose le pinacle qui lui-même sert de support au crosseron: les trois étages qui composent ce pinacle sont en retrait les uns par rapport aux autres et les six faces sont séparées les unes des autres par des contreforts, dans la base, et par des archivoltes dans les deux étages supérieurs.

A l'étage inférieur, sur un arrière-plan de fenêtrage à meneaux flamboyants, qui se détache sur un fond émaillé bleu, se dresse, sur chaque face, la statuette d'un apôtre placé sous un dais très découpé: ce sont saint Jean l'Evangéliste, saint Pierre, saint Paul, saint André, saint

Détail du pinacle de la crosse dite de Félix V.

Jacques, le dernier ayant perdu son bras droit et son attribut n'étant pas authentifié. Les figures assez massives sont vêtues d'un manteau à longs plis: chaque apôtre tient un livre dans la main gauche et un attribut dans la main droite.

Dans les six contreforts, l'orfèvre a ménagé une niche dans laquelle se dresse un minuscule chevalier portant bouclier, lance ou épée; la minutie a été poussée si loin que les visières des casques sont mobiles.

Le second étage, marqué de contreforts à pinacle, est découpé de fenêtres à quatre ouvertures à lancettes et à trois médaillons cerclés ou flammés. Le troisième étage, que couronne une galerie, est ajouré de fenêtres plus petites et plus simples.

C'est au-dessus de cette architecture miniature que s'élance le crosseron dont le décor raffiné se compose, sur quatre faces, d'une tige de feuilles de lierre en argent finement ciselées fixées sur un fond doré: les deux autres faces sont lisses. Sur l'arête extérieure, des crochets, reliés entre eux par de grosses perles, ou des palmettes, rythment la crosse jusqu'à l'extérieur de la volute qui se termine par une figure d'ange à mi-corps.

A l'intérieur de la volute se détache en ronde-bosse la figure équestre de saint Maurice qui tient de la main droite le fanion à croix tréflée; il est tête nue.

Les détails souvent habiles de cette crosse pourraient nuire à son effet d'ensemble. En fait elle est si bien architecturée et sa ligne de construction si bien établie qu'il s'en dégage en définitive une juste impression d'élégance.

La tradition a voulu pendant longtemps que cette crosse d'un gothique tardif ait été donnée à l'Abbé de Saint-Maurice par Amédée VIII, duc de Savoie, élu pape en 1439, pendant le concile de Bâle, sous le nom de Félix V. En réalité elle a été commandée par l'abbé Guillaume III de Villien et exécutée vers 1430.

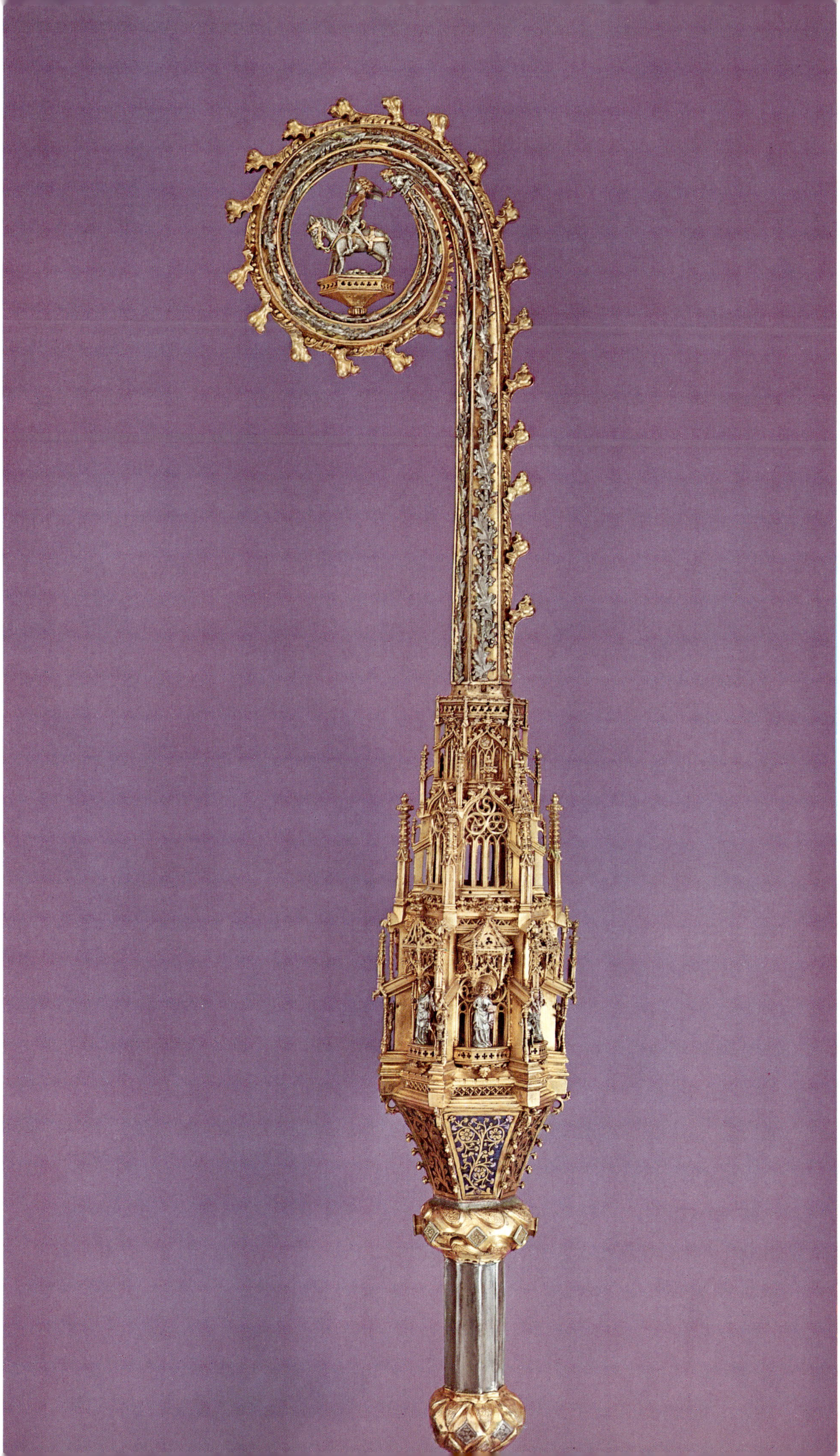

STATUE ÉQUESTRE DE SAINT MAURICE

C'est au mois de décembre 1577 qu'Emmanuel-Philibert, duc de Savoie, fit remettre à l'abbaye, par le chevalier Humbert de Lostan, grand bailly du duché d'Aoste, une statue équestre «...pour la singulière dévotion que nous avons toujours eu à Monseigneur saint Maurice, protecteur de nostre maison, nous avons entre aultre chose faict faire une sienne imaije en argent...».

Cette pièce est donc hors série, dans cet ouvrage, puisqu'elle n'appartient plus au Moyen Age et qu'elle n'est ni reliquaire ni objet liturgique, mais cet ex-voto est le dernier témoignage du respect des états laïcs à l'égard de l'abbaye et de la plus particulière vénération de la Maison de Savoie pour saint Maurice.

EX.VOTO.DEDIT.EM.FIL.DVX.SAB.1577

Travail d'orfèvrerie provinciale, en argent en partie repoussé, en partie fondu et ciselé, cet ex-voto est plus curieux que beau et saint Maurice, aux traits frustes, semble être perché, dans son armure au décor fouillé, sur un cheval trop grand et trop lourd pour la taille du chef de la légion martyre. Le cheval est couvert d'un caparaçon d'apparat finement ciselé qui le cache complètement en alourdissant ses formes et en entravant ses mouvements.

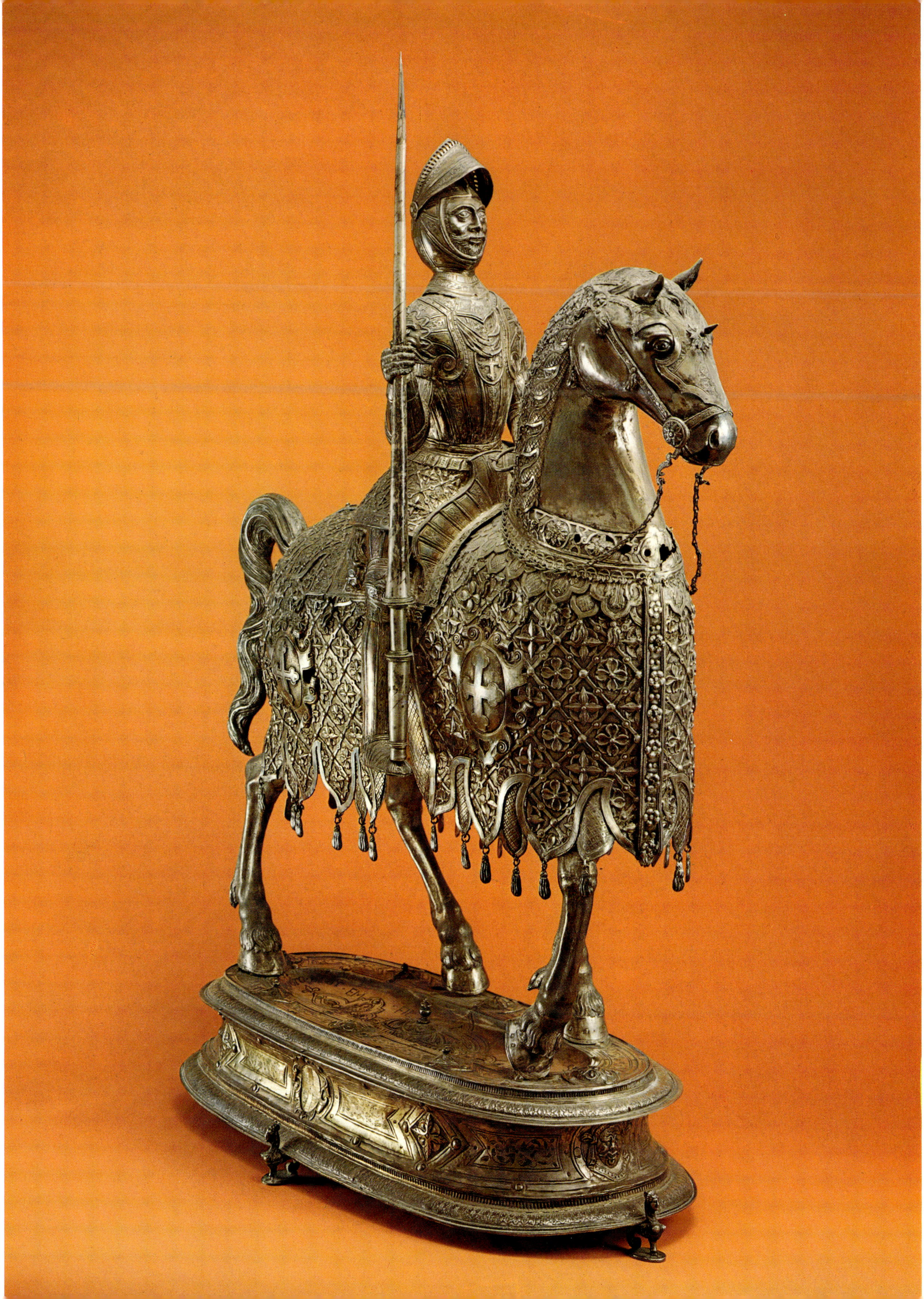

Reliquaire de la Sainte Epine. Détail agrandi

NOTES ET COMMENTAIRES

BIBLIOGRAPHIE

NOTES ET COMMENTAIRES

Afin de ne pas alourdir inutilement le texte général nous avons reporté dans ces notes des descriptions plus précises, des références bibliographiques et la dimension des pièces. Les ouvrages ou les articles cités sont les plus récents ou les plus probants dans leurs thèses; nous avons renoncé à rappeler les articles de vulgarisation générale ou les études trop éloignées de l'intérêt direct du sujet.

Parmi les objets qui sont reproduits, mais auxquels nous n'avons pas consacré un texte dans l'inventaire, il en est trois que nous citons ici pour leur intérêt archéologique ou historique, et surtout pour que l'inventaire des pièces du Moyen Age soit complet. Il s'agit de l'Anneau dit de saint Maurice, d'un instrument de paix et d'une petite fiole à parfum. Deux croix de procession, reproduites p. 174 et 175, devaient également figurer dans cet inventaire; leur intérêt n'est cependant pas tel qu'elles méritent plus qu'une illustration.

Anneau dit de saint Maurice

Cette bague, qui, par tradition, aurait été trouvée dans le tombeau de saint Maurice n'a que l'intérêt du souvenir et de la tradition. Elle se compose d'un anneau en méplat sur lequel est fixé un chaton ovale qui porte en cabochon un saphir ovoïde d'un bleu très pâle, assez irrégulier de forme. Il est difficile de donner une date à ce bijou fruste, courant pendant des siècles.

Fiole à parfum

On ignore l'origine de cette petite fiole à parfum qui fait probablement partie du trésor depuis de nombreux siècles. Elle est du type allongé, en argent niellé et ciselé, courant depuis l'antiquité. Cette pièce cependant appartient probablement à une époque relativement récente, peut-être au XIIe siècle.

Flacon à parfum en argent niellé. XIIe siècle

Baiser de paix (ill. p. 42)

Il était courant de présenter aux fidèles, avant la communion, une tablette de métal ou d'ivoire qui remplaçait l'embrassement par le prêtre.

Ce baiser de paix, ou instrument de paix, qui est passé longtemps inaperçu n'est pas d'un type particulier; il a peut-être été méprisé à la suite de la très maladroite peinture d'or et de rouge que l'on a appliquée, au XIXe siècle probablement, sur l'ivoire.

Cette pièce comprend une boîte plate en cuivre munie sur son dos d'une petite poignée de préhension et ouverte sur le devant en une fenêtre rectangulaire, fermée par un verre épais et bombé.

A l'intérieur du boîtier, un ivoire de belle qualité représente une Sainte Face soutenue dans les quatre angles par des anges. Le travail de gravure est de qualité mais il est difficile de lui donner une date précise. Nous la situons avec précaution au XIVe siècle.

Coffret de Teudéric

Contrairement à ce qui se fera plus tard ce coffret n'est pas construit sur une âme de bois. Il est composé de plaques d'argent massif martelées sur lesquelles sont rivées les plaques de cloisonné or. A l'intérieur des griffes retiennent le rembourrage de tissu.

Ce coffret a fait l'objet de nombreuses études totales ou partielles dont la bibliographie essentielle a été relevée par Haseloff. Parmi les études les plus récentes il faut citer:

BAUM, Julius: Das Warnebertus-Reliquiar in Beromünster, *Zeitschrift für schweizerische Archäologie und Kunstgeschichte*, 8/4, 1946, p. 203-210, pl. 55-58.

THEURILLAT, J.-M.: Le coffret de Teudéric, *Vallesia*, 9, 1954, p. 88, pl. 4.

HASELOFF, Günther: Der Abtstab des heiligen Germanus zu Delsberg (Delémont), *Germania*, 33/3, 1955, p. 210-235, pl. 24-25.

L'inscription a été comparée par Julius Baum avec celles des bourses-reliquaires de Sion et de Beromünster. Ces deux dédicaces sont tracées sous les coffrets et datent l'une de la moitié du VIIIe siècle, c'est celle de Beromünster, et l'autre de la fin de ce même siècle.

Dimensions: Longueur 18 cm
Largeur 6,5 cm
Hauteur 12,5 cm
Hauteur des côtés 7,8 cm

Vase de sardonyx

Parmi les nombreuses interprétations faites de la composition historiée du vase antique il faut citer en dernier lieu les trois études suivantes:

SCHAZMANN, Paul: Vase en sardonyx monté sur cloisonné en or, à l'Abbaye de Saint-Maurice d'Agaune. *Revue suisse d'art et d'archéologie.* 7, 1945, p. 1-22.

SIMON, Erika: Die Portlandvase. Mainz 1957, p. 64-74.

PICARD, Charles: La légende de Phèdre sur le vase d'onyx du trésor de l'Abbaye de Saint-Maurice d'Agaune. *Gazette des beaux-arts*, 53. Paris 1959, p. 193-214.

PICARD, Charles: Sur la situle historiée de Saint-Maurice d'Agaune. *Revue suisse d'art et d'archéologie*, t. 20, Bâle 1960, p. 1-7.

Dimensions: Hauteur totale 22,3 cm
Hauteur visible du vase 16 cm
Hauteur du pied 5,5 cm

Aiguière dite de Charlemagne

C'est en 1303 que l'aiguière fut scellée et c'est en 1923 qu'elle fut ouverte et vidée de ses reliques. En 1947 Alföldi la fit démonter pour en étudier et en photographier les différentes parties.

Le vinage est encore en usage dans la Vallée d'Aoste.

De nombreux spécialistes ont étudié cette pièce, souvent sur documents photographiques. Aucune des hypothèses soulevées n'est concluante, ni quant à la date, ni quant à l'origine. Ebersolt en fait une œuvre occidentale du XIIe siècle, Mehmet Aga-Oglu, qui s'oppose à certains auteurs qui la considéraient comme œuvre sassanide, estime qu'il s'agit d'un produit byzantin de la période macédonienne ancienne, Alföldi enfin, dont la théorie est extrêmement séduisante, pense et démontre, jusqu'à un certain point, que l'aiguière se compose en partie des éléments d'un sceptre avars transformé; Schramm appuie cette thèse en y apportant quelques éléments complémentaires.

EBERSOLT, J.: L'aiguière de Saint-Maurice en Valais, *Syria*, IX, 1928, p. 32-39.

AGA-OGLU, Mehmet: Is the Ewer of Saint-Maurice d'Agaune a work of Sasanian Iran? *The Art Bulletin*, XXVIII 3, sept. 1946, p. 160-170.

Développement du décor du vase de sardonyx, d'après Aubert

ALFÖLDI, A.: Die Goldkanne von Saint-Maurice d'Agaune, *Revue suisse d'art et d'archéologie,* t. 10, Bâle 1948-1949, p. 1-27.

ALTHEIM, Fr.: Türkstudien. Die Goldkanne von Saint-Maurice d'Agaune, *Nouvelle Clio,* t. IV, 1952, p. 49-57.

SCHRAMM, Percy Ernst: Herrschaftszeichen und Staatssymbolik. Beiträge zu ihrer Geschichte vom dritten bis zum sechzehnten Jahrhundert, Stuttgart 1954, p. 281-285.

Dimensions:		
	Hauteur	30,3 cm
	Diamètre	16,3 cm
	Diamètre des plaques émaillées	11,3 cm
	Epaisseur de la panse	10 cm

Bourse reliquaire

HOMBURGER, O.: Frühmittelalterliche Kunst in den Alpenlandern, 1954, p. 347.

Catalogue de l'exposition *Frühzeit / Karl der Große und sein Jahrhundert,* Ingelheim 1974, N° 49.

Dimensions:		
	Longueur	14,2 cm
	Hauteur	12,8 cm
	Largeur	5 cm

Châsse de saint Maurice

Pour éviter des confusions nous avons repris la description de cette châsse dans l'ordre choisi par Aubert. Il faut cependant noter qu'à l'abbaye – et cela remonte à l'époque où la châsse n'était visible, dans le coffre blindé qui contenait le trésor, que sur une face –, le premier côté est celui de saint Pierre et saint Paul et le premier petit côté celui du Christ en majesté.

Dimensions:		
	Longueur	80 cm
	Largeur	35,7 cm
	Hauteur	57,5 cm
	Hauteur des côtés	39,5 cm
	Figures des grands côtés:	de 31,5 à 33 cm
	Figure de la Vierge	50 cm
	Figure du Christ	40 cm
	Diamètre des médaillons	9 cm

Châsse des enfants de saint Sigismond

Des cédules plus récentes que la châsse prouvent que ce reliquaire renferme les reliques de saint Sigismond et de ses deux fils-enfants.

Il faut noter qu'en 1344, l'Empereur Charles IV de Luxembourg demanda à l'abbaye des reliques de saint Sigismond pour la cathédrale Saint Gui, de Prague, dont il venait de poser la première pierre. Il céda quelques parcelles de ces reliques à la cathédrale de Freising en Bavière qui devint le foyer du culte de saint Sigismond en Allemagne.

Dimensions:		
	Longueur	71,5 cm
	Largeur	33 cm
	Hauteur	45,4 cm
	Figures des grands côtés:	de 16 à 17,3 cm
	Figures du toit:	de 16,5 à 19,4 cm
	Figure de saint Sigismond	25 cm
	Figure de saint Maurice	27,5 cm

Châsse de Nantelme

Malgré les apparences, cette châsse, dans sa construction et dans son «montage», ne présente pas une unité absolument parfaite. Ces inégalités sont à noter:

a) Les douze panneaux sont de largeur variable.

b) Le panneau de l'Annonciation est limité à gauche par un bandeau décoratif plus étroit que les autres bandeaux.

c) Le bandeau décoratif qui sépare la Nativité de l'Annonciation est déplacé de plus d'un centimètre à gauche.

d) Le phylactère que tient Matthieu l'Evangéliste ne porte pas d'inscription.

e) Les pieds du Christ et ceux de son siège devaient être coupés par le bandeau original, aujourd'hui remplacé par un bandeau plus étroit.

La miniature allemande du XIIe siècle, que nous reproduisons à la page 191, se rapproche par de nombreux détails des panneaux gravés de la châsse de Nantelme et en particulier de ceux qui représentent le martyre de saint Maurice. Les tenues vestimentaires, les armes, les attitudes et les mouvements sont si proches que l'on aurait tendance à rechercher dans le Rhin moyen le graveur de cette châsse bien que le style militaire de cette époque ait été très européen.

DUPONT-LACHENAL, Léon, Chanoine. A Saint-Maurice au XIIIe siècle. L'abbé Nantelme (1223-1258) et la «Révélation» des Martyrs de 1225, *Annales valaisannes,* 1956, p. 393-444.

Dimensions: Longueur 61,8 cm
Largeur 31,5 cm
Hauteur 42,8 cm
Hauteur des grands côtés 22 cm

Chef-reliquaire de saint Candide

KOVÀCS, Eva: Le chef de saint Maurice à la cathédrale de Vienne (France), *Cahiers de civilisation médiévale,* VII/1, 1964, p. 19-26, pl. I-IV.

Pour le saint Maurice de Rheinau voir:

Kunstdenkmäler der Schweiz, Kanton Zürich I, 1938, p. 288-303 sq., fig. 243 et 253.

Pour les chefs-reliquaires en bois, consulter:

KELLER, H.: Zur Entstehung der Reliquienbüste aus Holz, dans *Kunstgeschichtliche Studien für Hans Kauffmann,* Berlin 1956.

SOUCHAL, Fr.: Les bustes reliquaires et la sculpture, *Gazette des beaux-arts,* t. 67, 1966, p. 205-216.

Dimensions: Hauteur totale 57,5 cm
Hauteur de la base 24,5 cm

Miniature rhénane du XIIe siècle représentant un combat de chevaliers. Hanovre. Musée Kestner

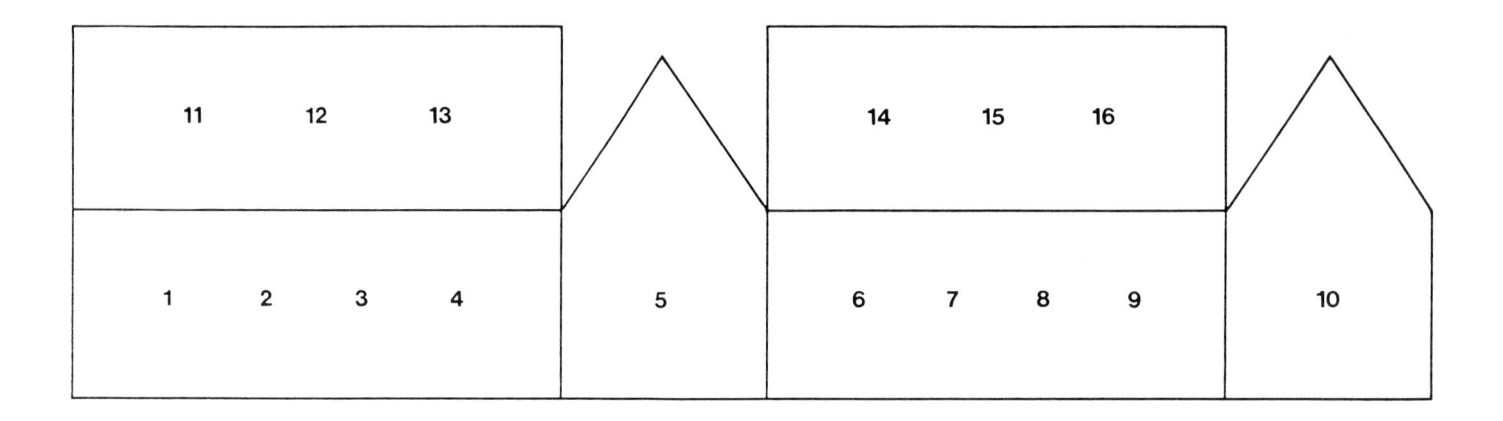

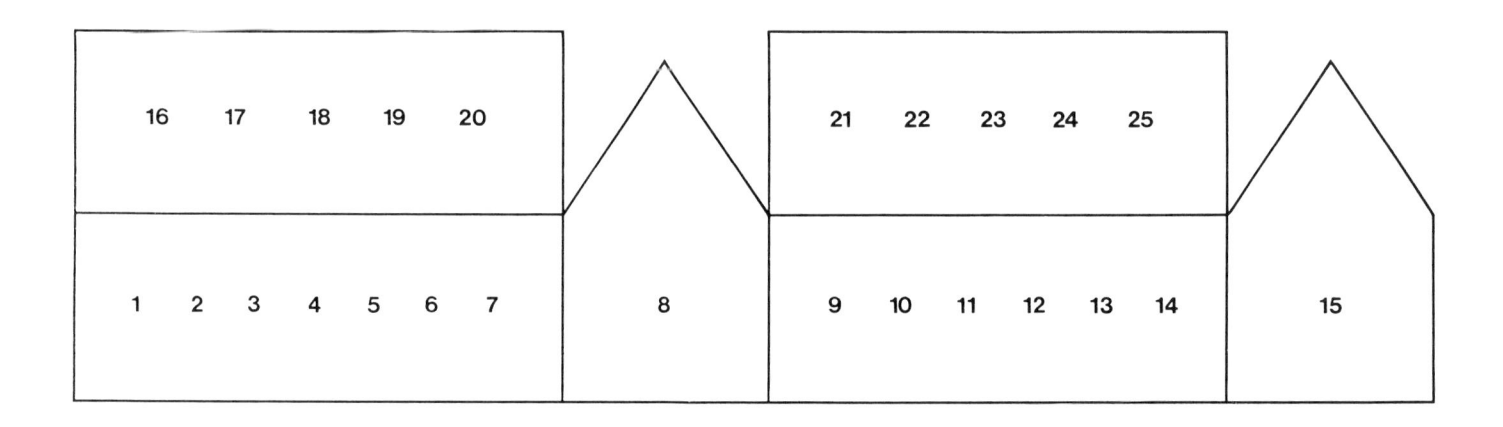

ICONOGRAPHIE DES GRANDES CHÂSSES

Châsse de saint Maurice

1. Saint Jean. – 2. Saint André. – 3. Saint Jacques. – 4. Saint Philippe. – 5. Vierge assise. – 6. Séraphin. – 7. Saint Paul. – 8. Saint Pierre. – 9. Chérubin. – 10. Christ en gloire. – 11. Adam et Eve. – 12. Adam et Eve chassés du paradis. – 13. Adam fendant du bois. – 14. Eve filant sa quenouille. – 15. Abel. – 16. Homme portant une gerbe.

Châsse des enfants de saint Sigismond

1. Saint Jean. – 2. Saint Thomas. – 3. Saint Pierre. – 4. Saint André (selon l'inscription). – 5. Saint Paul. – 6. Saint Jacques. – 7. Saint Philippe. – 8. Saint Sigismond. – 9. Apôtre. – 10. Apôtre. – 11. Apôtre. – 12. Apôtre. – 13. Saint Jacques. – 14. Saint Thadée. – 15. Saint Maurice. – 16. Gabriel. – 17. Saint Jean Baptiste (?). – 18. Christ en majesté. – 19. Apôtre (?). – 20. Raphaël. – 21. Saint Michel. – 22. Vierge debout. – 23. Christ en croix. – 24. Saint Jean l'Evangéliste. – 25. Ange.

Châsse de Nantelme

1. Maximien. – 2. Décollation de saint Maurice. – 3. Compagnons de saint Maurice. – 4. Christ. – 5. Annonciation. – 6. Nativité. – 7. Les Rois mages. – 8. Vierge à l'enfant. – 9. Saint Sigismond. – 10. Saint Maurice. – 11. Gundebald et Giscald. – 12. Ange. – 13. L'église. – 14. La crucifixion. – 15. La synagogue. – 16. Ange.

Crosse émaillée

Cette crosse est datée de la fin du XIIe siècle par Marie-Madeleine Gauthier alors qu'on l'attribuait habituellement à l'abbé Nantelme (1223-1253), plus connu que ses prédécesseurs.

Bien que plus raffinée, elle peut être comparée à la crosse de la cathédrale de Poitiers datée également du second quart du XIIe siècle, ou à celle de Carcassonne du musée de Cluny à Paris. A l'exposition «Emaux limousins» du musée municipal de Limoges en 1948 figurait (cat. N° 87, fig. 49) une crosse de la collection Fromanger, qui, à quelques petits détails près, est identique à celle de Saint-Maurice: on y retrouve en particulier l'inscription coufique.

«Les plus anciennes et les plus belles crosses limousines sont décorées d'une palmette-fleur à longs pétales étirés... La crosse de Saint-Maurice d'Agaune en est un parfait exemple.»

«Cette volute, chef-d'œuvre délicat d'emboutissage, faite de deux coques émaillées et rivées l'une à l'autre, s'enroule au-dessus d'un nœud ajouré où l'on reconnaît les êtres fabuleux venus de Silos. Sur la douille, des rinceaux minces entrelacés, à palmettes triangulaires, une inscription pseudo-coufique sur la volute, la palette enfin, placent la crosse dans l'atelier de G. Alpais... Bien que les crosses de Limoges n'aient été datées par les érudits que du XIIIe siècle, il semble qu'une vingtaine d'entre elles soient, par leur style, indissociables des émaux méridionaux des deux dernières décennies du XIIe siècle.»

GAUTHIER, Marie-Madeleine: Emaux du Moyen Age occidental, Fribourg 1972, N° 67, p. 114 et 338.

Pour les griffons et les feuilles de lierre, voir même auteur, pl. 41, 42, 63.

Pour la crosse de Poitiers, voir:

Catalogue de l'exposition: *Les Trésors des églises de France,* Paris 1963, N° 346, pl. 67.

Pour la crosse «Fromanger», voir:

Catalogue de l'exposition: *Emaux limousins, XIIe, XIIIe, XIVe siècles,* Musée municipal de Limoges 1948, N° 87, fig. 49.

Dimensions: Hauteur totale   27,5 cm
               Hauteur du crosseron   14,6 cm
               Diamètre de la volute   11   cm

Pour les cérémonies la crosse est montée sur une hampe moderne.

Croix reliquaire dite de saint Louis

Le trésor de Saint-Maurice ne possède aucun pied de croix d'origine, mais les comparaisons, entre autre avec des pièces du même type au musée de Cluny, à Paris, permettent d'imaginer que toutes les croix du trésor étaient fixées à l'origine sur un support posé sur l'autel pour certains offices. Ce support se composait d'une pyramide incurvée sur face rectangulaire terminée dans sa partie supérieure par un tube quadrangulaire et creux dans lequel on fichait la pointe de base de la croix, particulièrement visible sur cette pièce.

Pour les processions la croix était fixée sur une hampe.

Lors de certaines sépultures, la croix reliquaire était fichée en terre au bas de la tombe ouverte, tandis que deux petites croix de bois étaient placées à l'opposé, puis déposées sur le cercueil avec la première terre.

Voir à ce sujet:

HUPPI, Adolf: Kunst und Kult der Grabstätten, Olten 1968.

Dimensions: Hauteur   29,5 cm
               Largeur   15,8 cm

Reliquaire de la Sainte Epine

La plupart des reliquaires contenant des fragments de la sainte couronne comprennent une monstrance de cristal: celui d'Arras a une moulure très compliquée, tandis que ceux de Assise, du Puy ou de Tolède ont la forme elliptique de celui de Saint-Maurice.

Hauteur totale du reliquaire   20,5 cm

Texte de la lettre de saint Louis

Ludovicus dei gracia Francorum Rex dilectis sibi in Christo priari et conventui sancti Mauricii Agaunensis salutem et dilectionem sinceram. De preciosis beatorum martirum Agaunensium corporibus que nobis per venerabilem abbatem et concanonicos nostros ac nuncium nostrum vestra liberalitas venerabilites destinavit, cantatem vestram dignis prosequimur actionibus gratiarum. Mittimus antem vobis per ipsum abbatem sacrosancte corone dominice spinam unam, quam propter redemptoris reverenciam petimus a vobis devotissime honorari, et ut nos et nostros vestris habatis oracionibus specialites commendatos.

Datum Parisiis, anno domini M°CC°sexagesimo primo, mense februarii.

Monstrance de sainte Apollonie

Sainte Apollonie d'Alexandrie, souvent appelée sainte Apolline, a été martyrisée en 249. Comme elle refusait d'adorer les idoles, le bourreau lui arracha brutalement toutes les dents. La relique que contient la monstrance est naturellement une dent.

Aucun document ne dit pourquoi la maison de Savoie a fait don de cette relique à l'abbaye, sainte Apollonie n'ayant aucun rapport avec saint Maurice ou ses compagnons.

Dimensions: Hauteur   30,2 cm

Bras-reliquaire de saint Bernard

Il est difficile de savoir à quelle date les reliques de saint Bernard remplacèrent dans ce bras d'argent celles d'un martyr de la légion thébaine. Nous admettons, en effet, que cette œuvre date de la fin du XIIe ou du début du XIIIe siècle, et nous savons, par ailleurs, que saint Bernard ne fut canonisé qu'en 1681. De plus, enfin, comme nous le signale le chanoine Léo Muller, les reliques sont accompagnées de deux cédules sur parchemin les authentifiant et qui, de par l'analyse de l'écriture, datent de la fin du XIIIe siècle ou début du siècle suivant. On peut lire sur ces cédules:

> de pulice s. bernardi
> De costa sci bernardi, de
> stola sci bnardi

La chose certaine, mais qui ne prouve rien à ce sujet, c'est que le bras figurait dans l'inventaire Odet de 1642: «Duo brachialia argentea queis asservantur dictorum SS. MM. reliquiae».

PIDOUX DE LA MADUÈRE. Saint Bernard de Menthon, l'apôtre des Alpes. Sa vie, son œuvre. Lille 1923.

DONNET. Saint Bernard et les origines de l'hospice du Mont Joux. 1942.

Dimensions: Hauteur totale   46 cm
                   Hauteur du socle   10 cm

Chef-reliquaire de saint Candide après la restauration de 1961

Chef-reliquaire de saint Candide. Statue en bois telle qu'elle apparut lors de la restauration de 1961.
Photo Leo Muller

Gravure anonyme du XVIIe siècle montrant les plus célèbres reliques de la Sainte-Chapelle, acquises par saint Louis

BIBLIOGRAPHIE SOMMAIRE

Nous ne citons ici que les ouvrages ou les études d'intérêt général ayant un rapport direct ou indirect avec le trésor de Saint-Maurice. Nous avons renoncé à rappeler des publications anciennes citées dans les ouvrages plus récents, à l'exception de ceux de AUBERT ou BESSON qui restent des documents capitaux. Les études consacrées à une pièce sont citées dans les notes.

AUBERT, Ed. Trésor de l'Abbaye de Saint-Maurice d'Agaune (2 vol.) Paris, 1872.

BAUM, J. Der grosse Reliquienschrein im Domschatze zu Sitten. *Indicateur des antiquités suisses* 1937, p. 169-179.

BAUM, J. Das Warnebertusreliquiar in Beromünster. *Revue suisse d'art et d'archéologie,* vol. 8, 1946, p. 203, 210.

BESSON, M. Antiquités du Valais (V^e-Xe siècle). Fribourg, 1910.

BOURBAN, P. (Chanoine). Les basiliques et les fouilles de Saint-Maurice. (Le mobilier de la basilique de Saint-Théodore, du IIIe au VIe siècle). *Indicateur des antiquités suisses,* vol. 21, 1919, p. 97-108.

BRAUN, J. Die Reliquiare des christlichen Kultes und ihre Entwicklung. Freiburg im Breisgau, 1940, Nachdruck, 1971.

DESCHAMPS, P. L'orfèvrerie à Conques vers l'an mil. *Bulletin Monumental,* t. 1, 1948, p. 75-93.

FURTWANGLER, A. Die Antiken Gemmen (III). Leipzig, 1900.

GANTNER, J. Histoire de l'Art en Suisse, des origines à la fin de l'époque romane. Neuchâtel, 1941, vol. 1, p. 341-343.

GAUTHIER, M.-M. Emaux du Moyen Age occidental. Fribourg, 1972.

GRIMME, E.G. Goldschmiedekunst im Mittelalter. Form und Bedeutung des Reliquiars vom 800 bis 1500. Cologne 1972.

HASELHOFF, G. Der Abtstab des heiligen Germanus zu Delsberg. *Germania*, 1955, p. 227-235.

KOVACS, E. Le chef de saint Maurice à la cathédrale de Vienne, France. *Cahiers de civilisation médiévale*, t. VII, 1964, p. 19-26.

MOLINIER, E. Histoire générale des arts appliqués, du Ve au VIIIe siècle. L'orfèvrerie religieuse et civile du Ve à la fin du XVe siècle (Trésor de Conques, or et émaux, IXe siècle, Reliquaire de Pépin d'Aquitaine). Paris, 1900.

MOLINIER, E. Le Trésor de la cathédrale de Coire. Paris 1895.

REINERS, H. Ein von Kaiser Karl IV. gestifteter Reliquienschrein. *Pantheon*, t. 32, München, 1944, p. 119-124.

REINERS, H. Die romanischen Reliquienschreine in Saint-Maurice im Wallis. *Pantheon*, t. 31, München 1943, p. 84-90.

REINERS, H. Burgundisch-alemannische Plastik. Strassbourg 1943.

SAGER, de, W. Treasure of the Abbey of Saint-Maurice d'Agaune. *The Connoisseur*, t. 175, october 1970, p. 77-87.

SCHMID, A. Un reliquaire roman de Bourg-Saint-Pierre. *Genava,* 1963, T. XI, p. 197-208.

SCHMID, A. Romanisches Büstenreliquiar. *Gottfried Keller Stiftung*, 1960-1962, p. 18-43.

SOUCHAL, Fr. Les bustes reliquaires et la sculpture. *Gazette des Beaux-Arts*, t. 67, 1966, p. 205-216.

TARALON, J. Les trésors des églises de France. Paris, 1965.

TARALON, J. La nouvelle présentation du Trésor de Conques. *Les monuments historiques de la France*, vol. 1, 1955, p. 121-141.

THEURILLAT, J.-M. Textes médiévaux relatifs aux monuments archéologiques de l'Abbaye de Saint-Maurice d'Agaune. *Genava*, N.S. XI, 1963, p. 163-173.

THEURILLAT, J.-M. et VIATTE, N. Saint-Maurice in La Suisse Romane «Zodiaque». La Pierre-qui-vire, 1958, p. 93-125.

VOLBACH, W.-F. Metallarbeiten des christlichen Kultes in der Spätantike und im frühen Mittelalter. *Römisch-germanisches Zentralmuseum*, Mainz, 1921, Kat. v. 9.

VOLBACH, W.-F. Silber-, Zinn- und Holzgegenstände aus der Kirche Sankt-Lorenz bei Paspels. *Revue suisse d'art et d'archéologie*, t. 23, 1963-1964, p. 75-82.

INDEX DES NOMS

TABLE DES ILLUSTRATIONS

TABLE DES MATIÈRES

INDEX DES NOMS

(Les chiffres en italique renvoient aux illustrations)

Abbé de Saint-Maurice, 28
Abel, 102
Acaunum = Agaune, 15, 70
Adam, 94, 100
Adoration des mages, 162, *163*
Aiguière, *49*
Amédée III de Savoie, 24, 110
Amédée VIII de Savoie, 182
Arbre de vie, *56*, 78
Baiser de paix, *9*, 188
Boîte à hosties, *165*, 166
Cabochon, 79
Camée, 59, *61*
Centaure, *34*, *161*, 162, *163*
Charlemagne, 48, 57, 73, 105, 159, 162, 189
Chérubin, 87, *89*
Christ en croix, 119
Christ en majesté, *41*, *83*, 97, 99, 124, *127*, 138
Cluny, 23
Conques, 47
Conrad II, 21
Crosse émaillée, *134*, 135, *137*, 194
Crucifixion, 125, 136
Eglise, 135
Ello, 7, *63*, 64
Eve, *46*, *94*, 100
Félix V, 181
Gabriel (archange), *116*
Girold (abbé), 24, 153
Giscald, *19*, *117*, 130
Gonthère (abbé), 135
Gontrand, 17
Griffons, *49*, *72*, *140*

Guillaume Ier (abbé), 135
Gundebald, *19*, 117, 130
Hugues de Grenoble, 23
Intailles, *55*, *57*, *58*
Légion thébéenne ou thébaine, 15, 91
Limoges, 142
Lions, 74, *75*
Louange perpétuelle, 17
Martyre, *115*, 132, *133*
Maximien, 15, 136
Ministerium, 35
Monstrance, 50
Nantelme, 24, 51, 131, 135, 190
Nativité, 136, *163*
Nordoalaus, 7, *33*, *63*, 64
Ornamentum, 24
Pyxide, *165*, 166
Raphaël (archange), 125
Rélévation des reliques, 23, 52
Rihnlidis, 7, *33*, *63*, 64
Saint André, 87, 171
Saint Bernard, 35, 45, 47, *146*, 147, *148*
Saint Bernard de Menthon, 141, 195
Saint Candide, *37*, 48, 105, 107, 115, 191, 197
Saint Denis, *30*, 47, 67
Saint Eloi, 38
Saint Germain, 62
Saint Jaques, 87
Saint Jean, 81, 87
Saint Louis, 23, 24, *26*, 38, 50, 156
Saint Martin, 67, 70
Saint Martin de Tours, 17
Saint Maurice, 5, *19*, *25*, 122, 131, 168, 176, 187
Saint Paul, *41*, 88, *90*, 97
Saint Philippe, *38*, 87
Saint Pierre, *41*, 84, *89*, 91, 97
Saint Sigismond, *19*, 118, *121*
Saint Victor, 48, 50, 176, *177*
Sainte Apollonie, 48, 166, 195
Sainte Coupe, 162
Sainte Epine, 24, 47, 48, 50, 194
Sceau, *6*, *8*
Séraphin, 87, *88*
Suger, 36, 47
Synagogue (la), 136, *137*
Table d'or, 24
Teudéric, 7, 21, *33*, 57, 59, 188
Théodore, 16
Undiho, 7, *33*, *63*, 64
Verolliez, 16
Vierge, 91, *93*, 125

TABLE DES ILLUSTRATIONS

	Pages
Châsse de Nantelme. Saint Maurice	5
Crosse de Félix V. Détail du crosseron	9
Vue de Saint-Maurice et de l'Abbaye. Lithographie d'un artiste anonyme du XVIIIe siècle	14
Châsse de Nantelme. Inscription de 1225. Saint Sigismond, saint Maurice, Gundebald et Giscald	19
Chef-reliquaire de saint Candide	22
Cédule de sainte Euphémie	23
Châsse des enfants de saint Sigismond; saint Maurice à cheval	25
Lettre de saint Louis accompagnant le reliquaire de la Sainte Epine	26
Croix de procession à fleurs de lys	29
Armoire de sacristie du trésor de Saint-Denis	30
Coffret de Teudéric. Face postérieure	33
Coupe-ciboire dite de Charlemagne. Détail du couvercle	34
Chef-reliquaire de saint Candide. Détail du dos de la tête	37
Châsse de saint Maurice. Détail de la figure de saint Philippe	39
Châsse des enfants de saint Sigismond. Détail	41
Baiser de paix	42
Bras-reliquaire de saint Bernard. Détail de la manche	45
Châsse de saint Maurice. Médaillon du toit. Eve filant	46
Aiguière dite de Charlemagne. Détail agrandi de la face aux griffons.	49
Coffret de Teudéric. Petit côté	55
Bourse-reliquaire. Face postérieure	56
Coffret de Teudéric. Face antérieure	61

Coffret de Teudéric. Face postérieure	63
Vase de sardonyx. Détail	66
Vase de sardonyx	68-69
Aiguière dite de Charlemagne. Face aux griffons	72
Aiguière dite de Charlemagne. Face aux lions	75
Bourse-reliquaire	79
Châsse de saint Maurice. Saint Jean	80
Christ en majesté	83
Saint Pierre	84
Face antérieure	86
Côté postérieur	89
Vierge assise	93
Médaillon du toit. Le péché originel	94
Médaillon du toit. Adam et Eve chassés du paradis	95
Christ en majesté	97
Face postérieure	101
Médaillon du toit. Abel offrant l'agneau	103
Chef-reliquaire de saint Candide. Détail de la face gauche	105
Sculpture de bois sur laquelle sont rivées les plaques d'argent.	109
« Masque », face avant la restauration	111
Ensemble	113
Détail de la scène du martyre	115
Châsse des enfants de saint Sigismond. L'Archange Gabriel	116
Vue d'ensemble. Face antérieure	119
Saint Sigismond et quatre guerriers. Détail	121
Vue d'ensemble. Face postérieure	123
Christ en majesté. Détail du toit	127
Deux figures d'apôtres. Détail de la face postérieure	129
Châsse de l'abbé Nantelme. Vierge à l'Enfant	130
Vue d'ensemble. Face antérieure	133
L'Eglise triomphante	135
Vue d'ensemble. Face postérieure	137
Crosse émaillée. Détail de la poignée	140
Crosse émaillée	143

Coffret-reliquaire émaillé	145
Bras-reliquaire de saint Bernard. Détail de la main	146
Bras-reliquaire de saint Bernard	149
Coupe-ciboire dite de saint Sigismond	151
Reliquaire de la Sainte Epine	155
Croix-reliquaire dite de saint Louis	157
Coupe-ciboire dite de Charlemagne. Détail du pied	158
Vue d'ensemble	161
Détail du couvercle	163
Monstrance de sainte Apollonie. La pyxide	165
Monstrance de sainte Apollonie	167
Bras-reliquaire de saint Maurice	169
Croix-reliquaire dite de saint André	170
Croix de procession	174
Croix de procession peinte	175
Buste-reliquaire de saint Victor	177
Crosse dite de Félix V. Détail du pinacle	178
Crosse dite de Félix V	181
Statue équestre de saint Maurice	183
Reliquaire de la Sainte Epine. Détail de la lentille	184
Anneau dit de saint Maurice	187
Fiole à parfum	188
Vase de sardonyx. Développement	189
Manuscrit rhénan	191
Développement des châsses	192
Chef-reliquaire de saint Candide après restauration	196
Chef-reliquaire de saint Candide. Sculpture de bois	197
Armoire de sacristie de la Sainte-Chapelle	198

TABLE DES MATIÈRES

	Pages
AVANT-PROPOS	11
UN TRÉSOR, MIROIR D'UNE HISTOIRE par le chanoine J.-M. Theurillat	13
LES TRÉSORS D'ÉGLISES	31
LE TRÉSOR DE L'ABBAYE DE SAINT-MAURICE	43
LES RELIQUAIRES DU PREMIER MILLÉNAIRE	53
Coffret de Teudéric	59
Vase de sardonyx dit de saint Martin	67
Aiguière dite de Charlemagne	73
Bourse-reliquaire	77
LES GRANDES PIÈCES D'ORFÈVRERIE DES XIIe ET XIIIe SIÈCLES	81
Châsse de saint Maurice	85
Chef-reliquaire de saint Candide	107
Châsse des enfants de saint Sigismond	117
Châsse de l'abbé Nantelme	131
RELIQUAIRES ET OBJETS LITURGIQUES DES XIIe ET XIIIe SIÈCLES	139
Crosse émaillée	141
Coffret-reliquaire émaillé	144
Bras-reliquaire de saint Bernard	147
Coupe-ciboire dite de saint Sigismond	152
Reliquaire de la Sainte Epine	153
Croix-reliquaire dite de saint Louis	156

Coupe-ciboire dite de Charlemagne	159
Monstrance de sainte Apollonie	166
Bras-reliquaire de saint Maurice	168
Croix-reliquaire dite de saint André	171
PIÈCES DE LA FIN DU MOYEN ÂGE	173
Croix de procession	174
Croix de procession peinte	175
Buste-reliquaire de saint Victor	176
Crosse dite de Félix V	179
Statue équestre de saint Maurice, ex-voto d'Emmanuel-Philibert de Savoie	182
NOTES ET COMMENTAIRES	187
BIBLIOGRAPHIE SOMMAIRE	199
INDEX DES NOMS	203
TABLE DES ILLUSTRATIONS	205

*Le présent ouvrage, le premier de la collection
«Orfèvrerie médiévale»,
a été imprimé pour le compte des Editions de Bonvent S.A.
Genève, par l'Imprimerie Hertig & Cie S.A., à Bienne.
Il est sorti de presse au mois de février 1975.
Les quadrichromies et les photolithographies noir/blanc
ont été exécutées par la maison Offset-Repro AG, à Zurich.
La reliure a été exécutée par la maison Schumacher AG,
à Schmitten.*